捐血献髓志愿者必读

捐血献髓宣传丛书

献血与志愿服务

李慧文　李　航　编著

科学普及出版社
·北　京·

图书在版编目(CIP)数据

献血与志愿服务/李慧文,李航编著.—北京:科学普及出版社,2011.7(2016.8重印)

(捐血献髓宣传丛书)

ISBN 978-7-110-07537-1

Ⅰ.①献… Ⅱ.①李… ②李… Ⅲ.①献血-普及读物 Ⅳ.①R457.1-49

中国版本图书馆 CIP 数据核字(2011)第 146818 号

科学普及出版社出版

北京市海淀区中关村南大街 16 号 邮政编码:100081

电话:010-62173865 传真:010-62103109

http://www.cspbooks.com.cn

科学普及出版社发行部发行

北京长宁印刷有限公司印刷

*

开本:850毫米×1168毫米 1/32 印张:7.75 字数:225 千字

2011 年 8 月第 1 版 2016 年 8 月第 3 次印刷

印数:7001—12000册 定价:16.00 元

ISBN 978-7-110-07537-1/R·778

作者简介

李慧文，大学文化。医学学士。1959年出生于大石桥军营。1976年高中毕业后下乡当赤脚医生，随后从军，再入高校深造医术，现为深圳市血液中心医生。在过去的20余年中他累计捐献全血2万多毫升、捐机采血小板加血浆200余次，多次荣获全国无偿献血最高奖。

他从医30余年，大部分时间都在与血打交道，对输血医学事业乐此不疲。在自己的工作岗位上兢兢业业，公而忘私，一丝不苟。特别是近20年来，他虚心学习、刻苦钻研输血医学及相关学科理论和技术，在完成本职工作的基础上，撰写并发表了60余篇与本职相关的学术论文和三百余篇科普及新闻报道类文章，主持和参与编著出版专业书籍20余卷本。

为推动我国捐血献髓及其志愿服务活动的发展，他用自己所掌握的医学理论和近200多次献血的切身体会，在编著《献血指南》《献血导读》和《献血须知》等书的基础上又编写了本书。他希望此书的出版能启迪更多热爱生活、无私奉献的有识之士成为志愿捐血献髓者和捐血献髓志愿者，在定期捐血的基础上，参与捐血献髓的宣传及对捐献者的招募、保留、召回、捐献陪伴和护送等志愿服务活动。

前　言

本书详细介绍了心脏、血管、骨髓/外周血造血干细胞、血液、细胞、免疫球蛋白、血型及危险的万能血、与献血相关的解剖、组织、遗传、生理、生化、免疫等方面的知识，定期志愿无偿献血与健康长寿，中年人的保健性献血，国际组织对志愿无偿献血的要求，海外无偿献血的情况，捐血献髓志愿服务组织的建设、管理和志愿者的修养等内容及相关资料。该书集科学性、知识性、趣味性和实用性于一体，具有内容丰富、通俗易懂、适应面广的特点。是面向负责献血宣传、献血发动及组织工作人员和献血办公室、采供血机构、血库或输血科的广大医务工作者，医学科普宣传教育工作者，社会各阶层自愿无偿献血者、志愿捐血献髓者、捐血献髓志愿者的一本科普读物。

本书血型探密、“万能血”不万能和P型血是什么血型等部分内容曾蒙深圳市血液中心红细胞血型专家喻琼教授审修，在此深表谢意。

目　录

第一章 无偿献血志愿服务和组织建设及管理

内容提要

背景:1998 年 10 月 1 日《中华人民共和国献血法》施行,"国家实行无偿献血制度"。实践证明:指令指标性的献血越做越艰难,只能作为过度、纠正偏型和解决阶段性短缺。因此,国家卫生部提出由指令指标性计划献血向无指标的自愿无偿献血转移。采供血机构负责推动无指标自愿无偿献血势单力薄,全社会共同努力才能事半功倍。目的:建立全国性无偿献血志愿服务网络,推广由无偿献血志愿者参与的无偿献血宣传和对无偿献血者的招募、保留和召回模式。保障无偿献血活动健康持续发展。方法:国家卫生部和中国红十字会等部门和机构,多次拨款主办无偿献血志愿服务研讨会、经验交流会、工作会和管理培训班,并达成由中国红十字会总会负责牵头,在全国建立和管理无偿献血志愿服务工作组织,联合中国志愿者协会等相关组织共同推动无偿献血志愿服务活动的发展。2009 年 5 月 18 日中国红十字会决定:"在深圳市红十字会无偿献血志愿工作者服务队的基础上,成立中国红十字无偿献血志愿服务总队。志愿服务总队在总会的指导下,面向全国开展无偿献血志愿服务工作。"逐步在全国建全总队体系的分支组织,使无偿献血志愿服务网络覆盖到自然村和居民区,在多次无偿献血者中招募和培训无偿献血志愿者,引导志愿者在志愿应急和定期无偿献血的基础上,在社会上发挥身份优势,现身说法开展无偿献血的宣传和对无偿献血者的招募、保留、召回、捐献陪伴和护送等志愿服务工作,并对志愿者的工作情况加以记录、统计、考评和表彰激励。结果:经过十年的努力,全国许多地方都建立起了能献血、会宣讲、会招募、保留效果好的无偿献血志愿者和志愿应急及志愿定期无偿献血者队伍。志愿服务组织的建立,使深圳迅速实现了志愿无偿献血100%满足临床用血(含机采血小板和造血干细胞及淋巴细胞)的目标,一次献血400毫升者80%左右,再次志愿无偿献血者51%以上,创建了社会各界共同参与无偿献血宣传和对献血者的招募、保留和召回的理想模式,使无偿献血进入良性循环状态,做到可持续发展。结论:全国200多个城市的实践证明,建立由多次无偿献血者组成的无偿献血志愿服务工作组织,培训和引导有多次献血经历的志愿者参与无偿献血的宣传和对无偿献血者的招募、保留和召回等志愿服务活动,是保障无偿献血活动健康持续发展的理想模式,实现了全社会共同推动无偿献血活动发展的夙愿,值得大力推广。

序　言

1998年10月1日《中华人民共和国献血法》施行,“国家实行无偿献血制度”。全国各地的实践证明:指令指标性的献血越做越艰难,只能作为过渡、纠正偏型和解决阶段性短缺,不利于无偿献血的健康持续开展。因此,国家卫生部提出尽快由指令指标性计划献血向无指标的自愿无偿献血转移。深圳于2000年,成立了深圳市红十字会无偿献血志愿工作者服务队,引导多次无偿献血者做志愿者,指导志愿者在定期无偿献血的基础上,在社会各界及自己所在的领域发挥身份优势,现身说法开展无偿献血的宣传和对无偿献血者的招募、保留、召回、捐献陪伴和护送等志愿服务工作，收到了理想的效果，创建了社会各界共同参与无偿献血宣传和招募的理想模式，实现了全社会共同推动无偿献血活动发展的夙愿。为推广深圳的成功经验和具体做法，国家卫生部和中国红十字会多次拨款主办无偿献血志愿服务研讨会、经验交流会、工作会和管理培训班，并达成由中国红十字会总会负责牵头在全国建立和管理无偿献血志愿服务组织，联合中国志愿者协会等相关组织共同推动无偿献血志愿服务工作的发展。

第一节 措施和方法

2009 年 5 月 18 日，中国红十字会总会决定："在深圳市红十字会无偿献血志愿工作者服务队的基础上，成立中国红十字无偿献血志愿服务总队。志愿服务总队在总会的指导下，面向全国开展无偿献血志愿服务工作，逐步在全国发展成立志愿服务分队，建立中国红十字无偿献血志愿服务网络，努力为我国无偿献血事业的发展作出积极的贡献。"并于 2009 年 6 月 12 日，在深圳市召开了中国红十字无偿献血志愿服务总队成立大会，授旗揭牌。还在 2009 年 12 月 8 日在深圳召开的中国红十字会全国无偿献血志愿服务工作研讨会及管理培训班上讨论制定了《中国红十字无偿献血志愿服务总队贯彻〈中国红十字志愿服务管理办法〉实施细则》（港台代表一起讨论），面向全国推广无偿献血志愿服务工作。

第二节 组织建设和管理

《中国红十字无偿献血志愿服务总队贯彻〈中国红十字志愿服务管理办法〉实施细则》规定：中国红十字无偿献血志愿服务总队隶属于中国红十字会总会，挂牌于日常办事处所，在中国红十字会总会志愿服务工作委员会及总会相关部门的指导和协调下开展工作。总队内设办公室和若干个专业支队。

省级采供血机构或相关部门,可会同省级红十字会组建总队体系内的省级无偿献血志愿服务组织(如:中国红十字无偿献血志愿服务总队××省支队),在省级红十字会和服务总队双重领导及本级采供血和相关机构指导下,开展无偿献血志愿服务工作,办事机构设在省级采供血机构或省级红十字会及相应部门或机构,可内设若干个专业大队。

地区或设区市采供血或相关机构,可会同地市级红会组建总队体系内的地市级无偿献血志愿服务组织(如:中国红十字无偿献血志愿服务总队××市大队),在地市级红十字会和支队双重领导及本级采供血和相关机构指导下开展无偿献血志愿服务工作,办事机构设在地市级采供血机构或地市级红十字会及相关部门或机构,可内设若干个专业分队。

县(区或县级市)级采供血机构或献血组织部门,可会同本级红会或向市大队或总队体系内上一级组织申请或大队直接组建总队体系内的县级无偿献血志愿服务组织(如:中国红十字无偿献血志愿服务总队××县分队),在县级红十字会和大队双重领导及区域采供血和相关机构指导下开展无偿献血志愿服务工作,办事机构设在县(区或市)级采供血机构或献血组织部门或县级红十字会及相关部门或机构,可内设若干个专业小队。

无偿献血志愿者个人或县(区)分队,可组建或会同乡(镇)、街道红十字会组建本级无偿献血志愿服务小队(如:中国红十字无偿献血志愿服务总队××县分队××小队),在乡镇或街道红十字会和分队双重领导及负责本区域采供血工作的相关机构指导下开展无偿献血志愿服务工作,可内设若干个专业组,可不设固定的办事机构。

乡(镇)、街道的无偿献血志愿服务小队可组建或会同村、居民委红十字会或居住于该区域的无偿献血志愿者组建总队体系内的该区域无偿献血志愿服务组(如:中国红十字无偿献血志愿服务总队××县分队××组),在村或居民委红十字会和小队双重领导及负责本区域采供血工作的和相关机构指导下开展无偿献血志愿服务工作,可不设固定的办事机构。

村、居民委的无偿献血志愿服务组可组建或会同村、居民委红十字会或居住于该区域的无偿献血志愿者组建总队体系内的该自然村或居民社区无偿献血志愿服务小组(如:中国红十字无偿献血志愿服务总队××县××组××小组),在组的领导及负责本区域采供血工作的相关机构指导下开展无偿献血志愿服务工作,可不设固定的办事机构。

机关企事业单位、学校及社团可根据实际情况,组建总队体系内的相应组织,参与推动捐血献髓及其志愿服务活动。力争实现每个自然村、居民区、机关企事业单位、学校及社团都有总队体系内的无偿献血志愿者在从事无偿献血志愿服务活动。

总队设队长一名,副队长若干名。队干部采取选聘与竞聘相结合的方式聘任。队长、副队长的任用由总队聘用,报总会相关部门备案。各支队、大队、分队、小队和组的干部设置参照总队的干部配置设置,由本级红会或总队内上一级组织组织选聘和竞聘。

一般情况下,队干部每届任期五年。因故缺失,可临时选用负责人承担起相应工作。

第三节　志愿者及其作用和工作方法

(一)无偿献血志愿者分注册和非注册两种。注册志愿者需具有三次以上的无偿献血经历,填写注册志愿者登记表并经过新志愿者(初级)培训并实习20小时,经考评合格后方可在无偿献血点独立从事无偿献血志愿服务工作;符合条件的非注册志愿者本人申请,经过培训仍然可以成为注册志愿者。

(二)无偿献血志愿者的作用是发挥身份优势,现身说法参与血液科普和与无偿献血及捐献骨髓或捐献造血干细胞(简称:捐血献髓)相关的政策法规知识、捐血献髓常识的宣传和对捐血献髓者的招募、保留、召回和采集陪伴及护送等志愿服务工作。

(三)无偿献血志愿者开展工作的方法是在社会各个领域、各个阶层择机开展捐血献髓的宣传和对捐血献髓者的招募、保留及召回等无偿献血志愿服务工作,带动自己周围的人自愿无偿献血和报名献髓;创造条件组织集体无偿献血;利用闲暇时间到无偿献血点进行现场服务;积极参加所在志愿服务组织组织的集体活动。

第四节　志愿者的培训

无偿献血志愿者是来自于社会各个领域、各个阶层的爱心使者,他们的文化程度、所学专业和信仰不尽相同,对血液科普和与捐血献髓相关的政策法规知识、捐血献髓常识的了解参差不齐,因此,无偿献血志愿服务组织应对每一位申请注册的无偿献血志愿者进行注册前的和继续教育性培训。注册无偿献血志愿者的培训分初级培训、中级培训和高级培训三个层次。

(一)初级培训:初级培训是志愿者注册前的培训。包括3小时的集中授课、自习和20小时的现场见习三个部分。通过培训使志愿者基本了解服务队和红十字运动、捐血献髓及其志愿服务基本概况,熟练掌握服务队的各项规章和与捐血献髓科普及相关的政策法规知识,捐血献髓志愿者的作用、志愿服务内容、工作方法、捐血献髓和志愿服务工作的考评标准和表彰办法,并灵活运用于捐血献髓宣传和对无偿献血者的招募等志愿服务之中。

(二)中级培训:中级培训是针对志愿服务时间达到100小时及以上者和五星级志愿者授星前的集中授课培训。未参加中级志愿者培训或考评不合格者,不授予五星级志愿者荣誉,也不得以五星级志愿者的身份参加活动。通过中级培训使每个五星级和骨干志愿者都能灵活将所学的血液成分采集机及其原理、法律规章、工作技巧等运用于捐血献髓宣传和对捐血献髓者的招募、保留、召回和采集陪伴等志愿服务之中,发挥骨干的传帮带作用。

(三)高级培训:高级培训是针对志愿者骨干及资深志愿者的培训。高级培训包括队干部培训、值班长培训,论坛、研讨会、经验交流会和参观交流等形式。通过高级培训不断提高骨干志愿者的宣传和对捐血献髓者的招募、保留、召回和捐献陪伴等志愿服务及传帮带的能力,思想境界、管理及理论水平。

第五节　志愿服务的考评和表彰

志愿者参加志愿服务的原动力是个人兴趣和社会责任感,要想使志愿者能够保持或不断增强参与的热情必须要有助动力。无偿献血志愿服务的助动力就是荣誉和自豪感,就是正确的考评和公平的表彰鼓励。无偿献血志愿服务的考评采取服务工时和服务表现及工作业绩相结合的方法进行,表彰要根据广大志愿者认可的评选标准进行。分级表彰。地市级采供血机构应配合本级红十字会每年举行一次表彰活动,以促进本地无偿献血志愿服务工作的健康持续发展。

第六节　现状

深圳成立无偿献血志愿工作者服务队后,迅速实现了机采血小板无偿化,一次献血 400 毫升和再次献血的比例迅速提高;在从未下达过无偿献血指标的情况下,集体无偿献血与日俱增,形势喜人。经过十年的努力,建立起了一支能献血、会宣讲、会招募、保留效果好的无偿献血志愿者和志愿定期无偿献血者队伍，实现了志愿无偿献血100%满足临床用血（含机采血小板和造血干细胞及淋巴细胞）的目标，一次献血400毫升者80%左右，再次无偿献血者达51%以上，创建了社会各界共同参与无偿献血宣传和对无偿献血者招募的理想模式，深受各地同行赞赏。全国200多个城市的实践证明，建立无偿献血志愿服务组织，引导有多次献血经历的志愿者参与无偿献血的宣传和对无偿献血者的招募、保留及召回等志愿服务工作，是保障自愿无偿献血活动健康持续发展的理想模式，实现了全社会共同推动无偿献血活动发展的夙愿，值得大力推广。

第七节　展望

无偿献血活动的发展需要社会各界的参与，政府及其相关部门直接出面宣传动员和招募无偿献血者有诸多不便；采供血机构全权包揽，则困难重重，难以达到理想效果。采供血机构会同红十字会及其他志愿服务工作组织引导有多次献血经历的无偿献血者建立无偿献志愿服务组织工作团队，招募和培训利用个人资源和闲暇时间无偿地从事无偿献血宣传及招募等志愿服务工作的志愿者，指导志愿者发挥身份优势与各相关部门和机构及其从业人员密切配合，参与捐血献髓的宣传和对无偿献血者的招募、保留及召回等志愿服务工作，可达到优势互补、扬利避弊的效果，逐渐使符合献血标准的公民成为志愿无偿献血者和传播捐血救人、奉献爱心、无损健康、自豪而快乐感受和健康生活理念的志愿者，推动无偿献血活动健康持续发展。

第二章 捐血献髓志愿服务工作的管理及志愿者修养

志愿者（volunteer 来源于拉丁文的 volunteers，“意愿”“志向”，亦称志愿工作者）是一个没有国界的名称，是一个象征着纯洁和崇高的名词。它是指在不图任何财物报酬的情况下，为推动社会进步而提供服务，贡献个人的时间、技能，甚至财物的人。参与无偿献血和捐献骨髓血或外周血造血干细胞（简称：捐血献髓）宣传及对志愿捐献者的招募、保留、召回、捐献陪伴和护送的志愿者，是志愿者群体中的杰出代表。他们不但要无偿地贡献个人的时间、技能，甚至财物，还要尽己所能率先垂范带头进行定期志愿无偿献血。他们是志愿者，也是志愿捐血献髓者。他们的出现催生了捐血献髓及外周血造血干细胞志愿服务工作及组织。

捐血献髓志愿服务是一项新兴的志愿服务项目，没有成型的管理模式和理论可以参考借鉴，也不能全盘照搬其他志愿服务项目的管理方式和全部理念。笔者经历二十多年的无偿献血和十几年捐献骨髓志愿服务组织建设及管理的研究，感到捐血献髓志愿服务组织的日常管理是一项极具挑战性的工作。因此，应该选择有多次捐血经历，思想境界高、责任心强、知识全面、业务熟练、谦虚谨慎、善于沟通交流、将职业当事业、能够胜任并热衷于捐血献髓志愿服务辅导及管理工作的受薪医学技术人员牵头，积极调动和发挥捐血献髓志愿者骨干的模范带头及管理作用，以充分民主的方式履行管理职责。管理中值得注意的是，由多次无偿献血和献髓者发展成的捐血献髓志愿者，是来自于各行各业及各个领域的社会人士，他们出于无私奉献和社会责任，志愿无偿地利用闲暇时间及可利用的个人富裕资源从事捐血献髓的志愿服务工作，是值得人们敬仰的爱心使者中的榜样，亦是相关部门和采供血机构及其工作人员的服务对象。怎样才能最大限度地挖掘、发挥和保护捐血献髓志愿者的积极性？如何做好捐血献髓志愿服务工作的管理、协调、沟通和交流？对于长期从事医务工作、行政及志愿者管理的受薪工作人员和广大志愿者来说，是一个新课题，也是一个巨大的挑战。面对这种挑战的最有效方法是放下架子、积极接纳、用心服务、包容非原则问题、虚心学习，多交流沟通，尽自己所能利用业余时间以一名普通志愿者的身份与广大捐血献髓志愿者一起参加志愿无偿献血和捐血献髓志愿服务，积极摸索与这些乐于奉献的社会人士交往的方法和技巧，真诚地肯定捐血献髓志愿者们的奉献精神、高尚行为和功绩。处处严格要求自己，理解和包容个别志愿者的个性，以一颗善良、公正、平和而阳光的心态面对各种情况，恪尽职守、尽职尽责地做好本职工作。

引导和培养捐血献髓志愿者参与捐血献髓宣传和对志愿捐献者的招募、保留、召回和捐献陪伴、护送等志愿服务工作，是推动捐血献髓活动发展的最佳模式。捐血献髓志愿服务组织是政府及其相关部门及机构的有效“减压阀”和“润滑剂”，有着不可替代的重要作用。志愿服务工作是不受编制和经费限制，取之不尽、用之不竭的社会资源，需要恰当挖掘、科学整合和合理利用。每个采供血机构及其受薪工作人员都应该积极爱护、支持和扶持捐血献髓志愿服务。随着捐血献髓志愿服务工作的深入发展，捐血献髓志愿服务工作的运作和管理已成为一项涉及多学科多领域、复杂而深奥的一门学问。要做好这门学问，保障捐血献髓志愿服务工作运转良好、不断提高，以促进捐血献髓活动健康持续发展，首先要从做好捐血献髓志愿者的培训和个人素质修养辅导，引导志愿者树立崇高的思想境界和无私奉献意识，做一个纯粹而高尚的志愿者入手。

一、强化志愿服务工作理念，培育志愿者终生从事志愿服务的信心

社会的发展离不开公民自觉履行各自的责任。公民履行社会责任的重要途径之一，是参加社会公益性志愿服务活动。捐血献髓及其志愿服务工作是造福于民的纯公益性社会活动，是广大捐血献髓者参加社会公益性志愿服务活动的理想项目。在捐血献髓志愿服务组织的建设中，组织者要认真学习和理解消化马斯洛需要层次论（图2－1），有意识地培育捐血献髓志愿者树立心甘情愿地贡献自己的闲暇时间、富裕资源为社会提供志愿服务工作的理念，和定期将维持自己正常生理活动所富余的健康血液奉献给亟待输血改善生存质量或延续生命之伤病员的决心，不断增强终生从事志愿服务工作的信心和无怨无悔地为推动捐血献髓活动健

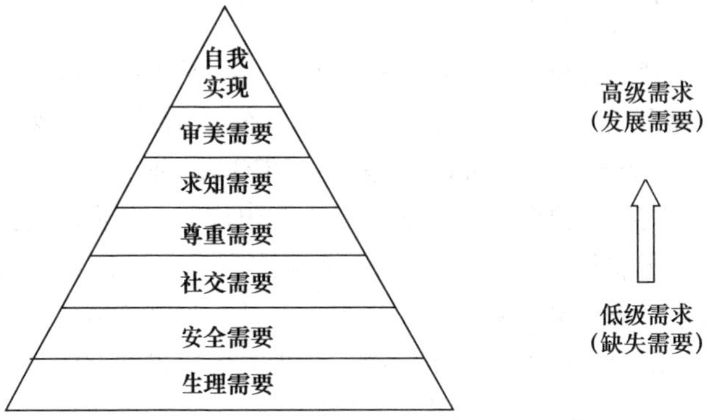

图2－1　马斯洛需要层次论金字塔

康持续发展贡献力量的勇气及恒心。不断增强信心和追求卓越的手段是学习，而集中培训是保证学习效果的有效方法。因此，捐血献髓志愿服务组织要在认真落实共同科目培训的基础上，加强志愿者个人素养的辅导，反复强调捐血献髓志愿服务理念和目标（图2－2）遵守助人自助的原则，使每个志愿者对捐血献髓志愿者的作用、工作方法、理念和目标有比较详细的了解；遵守助人自助的志愿服务工作原则；坚定从事捐血献髓志愿服务工作的决心，树立终生从事志愿服务工作的信心和恒心。

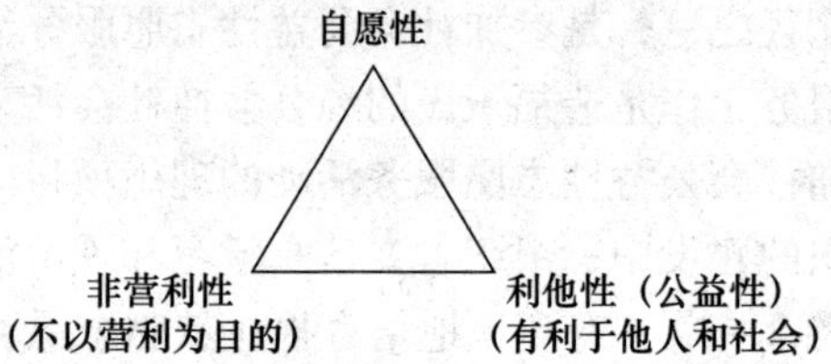

图2－2　志愿服务概念三大要素

二、健全管理办法及规范制度，靠管理办法和制度及自律精神约束人

捐血献髓志愿服务组织是以组织志愿者从事捐血献髓及捐血献髓志愿服务工作的形式，参与社会公益活动的非政府组织（non-government organization，缩写：NGO），是由多次捐血者、献髓者和支持捐血献髓活动的爱心人士组成的。捐血献髓志愿服务工作不能靠权力指使，亦不能靠经济利益驱动，在个人的志趣、信念、乐于奉献精神的支持下，为社会捐献维持自己正常生理活动所富余的血液及富裕资源。管理方面值得注意的是，捐血献髓志愿者是一个不为利益、不图物质回报、不畏权贵、追求自身价值和精神享受的精神生态群。他们来自于社会的各个领域、

各个阶层，成长和生活的文化背景不同，受教育的程度参差不齐，习俗和性格各异，他们因为职业之余的共同志趣和信念走到一起，他们之间讲究的是人道、博爱、平等、互助、奉献。而捐血献髓志愿者的指导者、辅导者、支持者，甚至管理和领导者，则往往是捐血献髓者及其志愿者们的服务者。因此，捐血献髓志愿服务工作组织的管理，不同于一般志愿服务工作组织的管理，更不同于受薪服务组织或机构的管理。捐血献髓志愿服务组织的管理，靠的是公众认可的管理办法、行为规范和制度约束；靠的是管理者周密的策划、组织协调和公平的处事、渊博的知识、坚韧不拔的毅力、以身作则的典范和人格魅力；靠的是每个志愿者的自觉和自律精神。所以，健全并完善管理办法、规范、制度是团队建设和发展的需要，必须常抓不懈。中国红十字无偿献血志愿服务总队组建初期，首先制定了《中国红十字无偿献血志愿服务总队贯彻〈中国红十字会志愿服务管理办法〉的实施细则》及其附件，努力实现用管理办法、行为规范和制度约束人，用公民的社会责任和使命感呼唤人，用典范和榜样带动人，用业绩鼓舞人，用荣誉激励人，以促进团队和事业的健康持续发展。

三、明确工作关系、目的和宗旨，做到明明白白、开开心心地参与捐血献髓志愿服务工作

由于各地无偿献血志愿服务工作组织，大部分挂牌于采供血机构，是通过采供血机构这个平台向政府申请财物，甚至是由采供血机构自筹财物支助捐血献髓志愿服务活动的。因此，有些人误认为：无偿献血志愿服务工作组织及捐血献髓志愿者就是帮采供血机构，甚至是帮某个受薪工作人员做事。为防止因这种误解所产生的负面影响，我们要反复强调：志愿者从事捐血献髓志愿服务工作，不是帮采供血机构或帮某位受薪工作人员做事，更不是廉价劳动力和血站的勤杂工，而是出于爱心奉献自愿承担社会

责任，代表社会将富裕资源回馈社会、协助政府促进社会和谐进步的高尚行为。要明确自己的作用，珍惜自己的付出，充分发挥好自己在宣传捐血献髓和对捐血献髓者的招募、保留、召回、捐献陪伴及护送中的身份优势。

四、要摆正心态、不受世俗困扰，坚定尽己所能志愿无偿奉献社会的信念

在实际工作中经常会发生积极性和热情特别高昂的捐血献髓志愿者，面对个别受薪工作人员对职业的厌倦，态度冷漠、服务不热情、不积极或人浮于事的现象而想不通，甚至出现心理失衡等困惑。为此，在培训和交流的过程中，教员和志愿者骨干要有意识地提示或引导志愿者充分认识，捐血献髓志愿者和受薪工作人员都是来自各个领域，甚至是来自五湖四海，成长和生活的文化背景不同，受教育的程度不同，志趣、信仰、价值观和无偿献血的目的亦不尽相同，捐血献髓志愿者不要将自己崇高的思想境界和做事的准则强加于思想境界尚处于社会中普通人群水平的受薪工作人员。因此，捐血献髓志愿者要理解那些暂时还未觉悟者，更要理解受薪工作人员可能是为了谋生而从事这份工作的，而非自己的志趣、爱好或理想追求，甚至理解受薪工作人员出现职业疲倦现象；要允许部分人有一个向崇高境界学习和提升的过程；也要允许个别受薪工作人员，对自己的要求尚局限于做好本职工作，而对捐血献髓志愿服务工作等公益性活动漠不关心，甚至态度冷漠。努力达到参与捐血献髓志愿服务时，不受世俗困扰、摆正心态、耐得住寂寞，心平气和、清清白白、高高兴兴从事捐血献髓志愿服务工作的境界，将以志愿者身份推动捐血献髓活动健康持续发展当做自己所热爱的终生事业去做。

五、明确关系定位，坚定志愿服务是一项弘扬崇高行为和推动社会文明进步义举之信念

在进行捐血献髓志愿者培训和交流的过程中，要有意识地提示和引导志愿者牢记从事捐血献髓志愿服务工作不是被诱惑或裹胁，更不是一时头脑发热盲目地随帮唱影凑热闹，而是经过深思熟虑，不畏艰辛、自愿无偿地将职业和生活之余的闲暇时间和可利用的富裕资源，以一个社会人和有过多次捐血经历的捐血献髓志愿者的身份参与捐血献髓志愿服务工作的形式奉献给社会，达到促进社会和谐进步的目的。它和自己所从事的全职受薪工作虽然同样是为社会服务，奉献社会，推动社会进步，同样有意义，但却存在着获利与非获利的差别。因此，我们给捐血献髓志愿服务工作者群体起了个抒情、高尚、靓丽的名字——精神生态群体。在这个群体中沉淀下来的人均是精神状态优良、兴趣高雅、信念崇高、举止文明的人，用最底线衡量也是愿意服务他人、肯为他人付出和奉献爱心的人士。在捐血献髓志愿者骨干培养中要遵循三要原则：要本人愿意做（有兴趣）、有条件做、努力做好。将这种概念传播给广大捐血献髓志愿者，让捐血献髓志愿者有一种被认同的感觉，使他们也自觉或自然而然地在精神上以高尚情操约束和完善自己，不折不扣地融入这个精神生态群体，并以群体的生态观来影响他人和服务于他人。

六、明确文化和信念的差异，坚信志愿服务工作是一种崇高的社会行为，并持之以恒进行到底

在捐血献髓志愿者培训和交流的过程中，有意识地提示或引导相关人员明确：职业（professional）或全职受薪工作，可能不是自己最热爱的，但是它是人们谋生的手段，生活需要使人们不

得不去做，而且必须尽职尽责地做好。而职业之余（amateur）的志愿服务，不是为了谋生，更不是为了财物，而是因为自己喜欢、有兴趣，才利用闲暇时间和可利用的富裕资源去做的。因此，通常做志愿服务的人往往很投入，甚至是做得很完美。据说，amateur一词，来源于拉丁文的amor（爱），因此，可以说捐血献髓志愿服务，是捐血献髓志愿者凭着个人的爱好去做的，而主管部门及合作方的引导和支持，只是为其搭建和提供了一个施展爱心和才能的平台。正如美国业余高尔夫球球手鲍比·琼斯在连续获得全美乃至英美一个时期（20世纪20~30年代）高尔夫球比赛大满贯之后，却谢绝了专业队高薪聘他做职业球员的邀请，并在宣布告别高尔夫球赛事时说：打高尔夫球只是我的业余爱好，不是赚钱的职业。这就是精神生态的具体表现。

七、强化志愿服务宗旨，保障志愿服务健康、有序、和谐地发展

在捐血献髓志愿服务组织建设和发展的过程中，要有意识地强化开展捐血献髓志愿服务的宗旨，培育和提炼捐血献髓志愿服务文化及其内涵，大力弘扬自愿性、无偿性、公益性、中立性、统一性和人道奉献的原则。明确捐血献髓志愿服务是在不断提升和完善自我及无私奉献价值观的支持下帮助他人、奉献社会，实现为保障人的生命健康和安全，开展人道主义的捐血献髓志愿服务，推动捐血献髓活动健康持续发展，促进社会和谐进步的宗旨。

八、加强劝导管理，平等和睦相处

有些捐血献髓志愿者的受薪职业是从事管理和培训的，自身社会地位较高、生活较富裕，从事志愿服务较早、荣誉较多、自信和自尊心较强、自认比在场的受薪工作人员或骨干志愿者更优

秀等，因此，在从事捐血献髓志愿服务时常常不愿意，甚至不接受受薪工作人员或志愿者骨干的指导或指挥，不遵守规范和规章、不接受管理、我行我素，这些问题如果处理不好，就会出现志愿者与志愿者之间，甚至个别捐血献髓志愿者与受薪工作人员之间的摩擦或冲突。甚至可能会恶化，引起混乱或失控，给捐血献髓志愿服务组织或合作单位带来危机。这就要求受薪工作人员、指导者、支持者和管理者对待捐血献髓志愿者要友善、公正、肯定，敬仰他们的奉献行为，做到志愿者之间、志愿者与受薪工作人员之间平等和睦相处，共同推动捐血献髓活动的发展。

九、用管理办法、规范、标准和制度约束捐血献髓志愿服务

捐血献髓志愿者加入组织后要认真学习，严格遵守组织规章，以志愿服务组织的管理办法、规范、标准和制度约束自己。在实施捐血献髓志愿服务的过程中，组织者要善于评估相关志愿者的技能、素质及性格，使分配给他的工作及合作者尽可能与他的技能、素质及性格相匹配，反复强调规范、标准、工作职责和目标。如果有志愿者在捐血献髓志愿工作中感到不愉快，经反复沟通还是无法解决时，可提示他退避静思，甚至重新选择；倡导志愿者认真领会管理办法、规范、标准和制度，善于对照规章找差距，开展批评和自我批评。对表现极差或过错情节严重者予以帮助教育或劝导，对屡劝不改者，可根据管理办法等规章，提出警告，必要时予以劝退。这种直接的、近于职业化的管理方式，深受部分受薪管理者和组织观念特别强的志愿者欢迎。但是，这样做对管理者，特别是对捐血献髓志愿服务的管理者有一定风险。因此，批评或处理捐血献髓志愿者需谨慎行事，要讲究方法，深思熟虑、三思而后行。大多数志愿者祈盼得到肯定，愿意

接受挑战性工作，希望接受良好的培训和获得交流的机会，因此，管理者要善于发现，创造机会合理地满足他们。这样，对志愿服务组织和志愿者本人及受薪工作人员工作业绩的提高、士气的提升都会有促进作用。

十、明确捐血献髓志愿服务组织的特殊性，探索适宜的管理理念和模式

捐血献髓志愿服务组织有计划地整合社会资源、组织捐血献髓志愿者与非营利的社会公益性采供血机构合作，共同推动捐血献髓活动健康持续地发展，可以使预计的目标达到事半功倍的效果。发展比较成熟的捐血献髓志愿服务组织的人数往往多于与之合作的受薪工作人员的人数，协调捐血献髓志愿者与受薪工作人员的关系和管理捐血献髓志愿者则成为摆在捐血献髓志愿服务组织和主管部门及合作单位面前的一个严峻的课题。虽然，捐血献髓志愿者的管理亦属于人力资源管理范畴，但是由于捐血献髓志愿服务的非职业性、非受薪性、纯公益性，甚至是合作者的服务对象等特点，在管理中常发生通用人力资源管理方法失效，甚至适得其反的现象。这是因为捐血献髓志愿者们参与的捐血献髓及其志愿服务都是自愿无偿的，他们是既捐血献髓又参与捐血献髓志愿服务的捐血献髓志愿者。因此，捐血献髓志愿者与捐血献髓志愿服务组织、合作方、服务现场及受服务对象之间不构成雇佣关系；志愿者与服务现场负责人及其所属单位之间也非行政上的管理与被管理关系。所以，行政指令和经济杠杆作用常显无力，亦无法以行政或经济手段制约他们。相反，捐血献髓志愿者是捐血献髓志愿服务组织的主体，是服务现场受薪工作人员及其所在机构的合作者、指导对象、服务对象，甚至是其服务情况的监督员，从而也就构成了捐血献髓志愿者与志愿服务组织及志愿服务现场受薪工作人员、合作者、指导者、管理者等之间关系的特殊

性，以及志愿者参加志愿服务价值取向的特殊性，组织建设和人力资源管理的特殊性。因此，捐血献髓志愿服务组织或指导单位、捐血献髓志愿者从事志愿服务现场的主管部门，有必要研究探索并建立一套以尊重志愿服务精神为主导的管理理念和模式。建立这套管理模式应注意以下几点：

（1）建立平等、自由的沟通和交流平台，营造民主公正的管理氛围

捐血献髓志愿者之间志向相同、兴趣相近、交往频繁、感情密切、知无不言、言者无忌、坦诚沟通，对信息的传播和沟通快捷，便于发现问题和总结整改，利于提高和发展。自觉和自律是捐血献髓志愿服务管理中的关键，而高傲和专制则是挫伤捐血献髓志愿者情绪的最大潜在危险。因而，建立畅通的沟通渠道和平等对话的交流平台，营造民主的氛围，给志愿者们施展个人才华和体现自我价值的机会，获得集体决策的公正感，这样能更有效地激发捐血献髓志愿者的积极性、自觉性和自律性，形成对组织的归属感、认同感，进一步满足志愿者实现自我价值的需要。

（2）利用捐血献髓志愿服务组织的特性，促进团队建设

捐血献髓志愿服务组织一般是在政府及其相关部门或公益性组织的领导和合作部门或机构及组织的支持和指导下，依靠一群爱好、志趣及理念基本一致，甚至抱有共同的价值取向和社会责任感者自发组成的捐血献髓志愿服务组织。在这个组织内活动的大部分捐血献髓志愿者，往往是因为受这个组织的特点吸引而加入的，志愿者之间具有很多共性（如定期捐血，报名献骨髓血或外周血造血干细胞）。因此，可通过挖掘其共性中对组织建设和事业发展有益的部分，提炼和培育为团队精神和文化、协调人际关系，充分体现人性化和情感化管理的特点，促进捐血献髓志愿服务团队的发展。

（3）志愿服务组织及其主管部门对组织内民选干部和直接

任命的干部要公平、公正、一视同仁

志愿服务组织的骨干，甚至干部基本上都是自然涌现的，而自然涌现出的志愿者“领袖”号召和影响力最强。捐血献髓志愿服务组织内的总队、支队、大队、分队、小分队、组及小组可能是由上级主管部门决定成立的，也许还有上级直接任命的干部，但实际上捐血献髓志愿服务组织中都有志愿者自已心目中认可的干部、“领袖”，以及骨干分子。这些骨干往往是在发展过程中不知不觉自然涌现出来的，志愿者们对自然涌现出的“领袖”的拥戴程度往往比上级直接任命的某个干部要高，这些受广大志愿者拥戴者（“领袖”）的号召力可能更大，影响力可能更强。这种“领袖”的产生是由于个人的能力、业绩、品格、威望、魅力、情商、奉献精神、感召力等因素所决定，得到圈子内志愿者们的广泛欣赏而从心底涌现的。他们中的个别人虽然没有组织赋予的行政权力和公共资源，但他们个人的威望和魅力对其周围和社会的影响很大，可转化为无形的权力，也可吸引社会财富等资源的支持。因此，捐血献髓志愿服务组织应该尽量在管理权限上和意见及建议的有效性等方面，保持民选干部与直接任命的干部的一致性。

（4）在志愿服务组织内的非正式小组或团队往往更容易增强凝聚力和提高工作效率

志愿服务组织的宏观调控者，可引导或支持志愿者们自发组建一些非正式的团队或小组，以团队或小组的名义组织一些活动。由于这种小组是因个人情趣和志愿服务工作需要自由组合所产生，所以，它具有很强的凝聚力和灵活性。在这个小组里，人们互相信任、互相依赖、进退自由、彼此的关系比较融洽，利于活动的开展。

（5）志愿服务组织要以志愿者的自觉性、自律性和完善的规章为基础，建立人性化的自我约束机制由于捐血献髓志愿者与志愿服务组织之间基于志愿服务达成的特殊关系，在志愿服务组织或团队管理中，要面临一些不同于商业服务及受薪组织的特殊情况。此时，简单地以指令或经济作为杠杆往往会出现管理失效现象。因此，志愿服务组织的管理要充分重视奉献精神和荣誉感的引导，以志愿者的自觉性、自律性和完善的规章为基础，建立人性化的自我约束机制，更好地开发和利用志愿者的富裕资源，促进志愿服务组织的发展起着至关重要的作用。

（6）正确使用表彰鼓励

荣誉是最有效的促进剂，但也是一把双刃剑。荣誉是政府及其部门，机构或组织对群体及个人的正面评价，是满足人们自尊的精神食粮，是激发人们奋力进取的重要手段。但是，表彰和鼓励是一把双刃剑，如果使用不当，对志愿者或团队会造成伤害。因此，在表彰和鼓励时应该本着客观、公正的原则，不要片面夸大某个人的作用，更不要把团队的成绩归功于少数人或个别人。否则，结果是，一方面打击了更多志愿者的积极性，让他们产生不公正感和逆反心理；另一方面，把荣誉变成一种名利。如果志愿者之间为争夺名利或荣誉，彼此产生矛盾，就背离了志愿服务精神。倘若事迹被拔高到不恰当的程度，使荣誉失去公平，就会变成负面的伤害，成为个别失去理智沽名钓誉者的利用工具。要避免不恰当的表彰和宣扬伤及大多数人的负面现象出现。应将重点放在对集体成绩的总结和宣扬方面，培养广大志愿者的集体荣誉感和团队精神。

（7）充分利用捐血献髓志愿服务组织的资源，最大限度地发挥捐血献髓志愿者在推动捐血献髓活动健康持续发展中的作用

政府及其部门和非营利的社会公益性（如红十字会）组织，是唯一可以借助志愿服务组织的资源，实现其基本目标的。但是，政府部门或公益组织及与志愿服务组织合作单位的受薪工作

人员在与捐血献髓志愿者合作的过程中，时刻不要忘记捐血献髓志愿者的作用，充分发挥他们在推动捐血献髓活动健康持续发展中的身份优势，防止将捐血献髓志愿者当做低层次的合作者或不用白不用的免费勤杂工，甚至高傲地指挥捐血献髓志愿者做一些自己职责内的工作，甚至是琐碎、繁重、脏乱的工作，否则，极有可能出现难以调控的矛盾。这些问题如果处理不好，捐血献髓志愿者与受薪工作人员就会出现摩擦或冲突。甚至可能会恶化，引起混乱或失控，给捐血献髓志愿服务组织或合作单位带来危机。捐血献髓志愿者是以社会人士的身份参加志愿服务组织的，因此，可以说，志愿服务组织的成员比较复杂，他们的需求和动机也不尽相同。利用志愿服务资源的部门、组织或单位要配合志愿服务组织做好团队的建设和管理，引导志愿者正确开展志愿服务工作和活动。随着志愿服务组织和服务内容的发展，志愿者的招募、引导和团队管理的方法，必须随着事业的发展而调整。在从事志愿者招募、培训、注册和管理时要通过对每个志愿者各自的动机、愿望、目的等进行细致的研究，以了解目标人群及其目的，确保充分合理地利用志愿服务组织资源，最大限度地发挥捐血献髓志愿者的身份优势，推动捐血献髓事业持续发展。

(8) 志愿服务的管理应遵循的几点原则

1）将志愿者看作一种重要的人力资源，他们影响着志愿服务组织的宗旨和发展，但不能把他们看作是创收和获取利益的帮手。

2）各层次组织或管理者，要共同努力实现高效率的志愿服务。

3）志愿者的管理可以有明显的特色，但是各种类型和各层次志愿服务的管理功能应该是统一的。

4）志愿者在参与志愿服务等活动的过程中，要尊重受薪工作人员，使之能够适当地参与到共同推进项目的计划、决策和管理中。

5）志愿者和受薪工作人员都要积极努力消除受薪工作人员与志愿者之间的戒备，甚至敌视，大力弘扬友爱、奉献、互助、进步的志愿服务精神，增强合作意识。

6）加强培训，及时清除志愿者参与志愿服务的心理障碍。

7）正确引导，使受薪工作人员和志愿者共同分享志愿服务的荣誉及爱心奉献的光辉事迹。

8）公开可能发生的变革，提高绩效意识。

9）合作单位及其受薪工作人员要充分肯定和认可捐血献髓志愿者参与捐血献髓宣传和志愿捐献者招募、保留及召回的意义和价值。（注：这是根据美国的推动志愿服务的全国性组织“光点基金会”的总结提炼的。）

十一、志愿服务组织要注意发掘培养志愿者骨干

创造条件提供继续教育的机会，努力培育一批职业之余的高素质终身志愿者。志愿者的最高境界是不受外界消极情绪的影响，心甘情愿地“吃自己的饭、用自己的钱”和用自己的闲暇时间及富裕资源，为亟须帮助的人和推动社会文明进步无怨无悔地奉献，乐此不疲地将志愿服务当做自己职业之余的终身事业不懈努力。因此，捐血献髓志愿服务的管理和引导者，要善于发掘和培养那些自身条件好、有希望成为志愿服务骨干的爱心人士。志愿服务站点及其主管机构，要像对待受薪工作人员那样对待志愿者，肯定他们的功绩，给他们提高服务技能和获取知识的机会，努力培育一批职业之余的终身志愿者骨干。这种职业之余终身志愿者骨干的培育活动，应贯穿于志愿服务组织建设的始终，不能忽视。终身志愿者要有意识地加强个人素质的修养，牢记组织宗旨和个人职责，有开拓进取精神、勇于开展批评和自我批评，虚心学习、乐于奉献。

（1）志愿服务组织中的骨干要不断地加强个人的修养

时刻不要忘记严于律己、宽以待人，发挥率先垂范的模范带头作用。在志愿服务组织中言传身教和心理协调的暗示效果，往往好于组织者的命令和手示。由于志愿服务组织是以自愿结合为基础的，团队内大部分志愿者对某些问题的看法基本一致，因而情绪共振、感情融合、行为协调、行动一致，归属感、自主感强。他们心目中的“领袖”是那些自觉和自律性较强，谦虚和蔼、善于团结广大志愿者、特别是善于团结那些与自己意见不同的志愿者，处处以身作则、言传身教的典范或公众崇拜者。因此，志愿者的指导者要善于引导和培育公众认同的志愿者典范和骨干或“领袖”。

（2）要用人性化行为推动志愿服务的健康持续发展

虽然，非营利性公益志愿服务组织也存在人力资源和活动及项目管理的问题。但是，非营利的公益性志愿服务组织的人力资源和活动及项目的管理，不同于受薪组织或机构的管理，对受薪工作人员的管理方法及其政策法规，亦不适用于对志愿者，特别是不适合于对捐血献髓志愿者的管理，其原因及标志性区别，就是有偿和无偿的差别。因此，为保障捐血献髓志愿服务活动的健康发展，志愿服务组织的管理和指导者，在日常管理及与志愿者交流中，要做到有所为，有所不为；信守“己所不欲，勿施于人”、“己预立而立人；己预达而达人”；大力倡导“三立”，即：立言、立功、立德，以言激行、以功促行、以德督行；要善于运用“二十多二十不”，即：多引导，不强迫；多率先，不命令；多奉献，不急功；多分享，不自夸；多学习，不盲从；多请教，不杜撰；多真诚，不蒙骗；多沟通，不猜疑；多忍耐，不冲动；多纳言，不武断；多微笑，不生气；多劝告，不批评；多包容，不指责；多赞美，不歧视；多乐观，不烦恼；多自律，不报怨；多致谢，不嘲讽；多敬意，不自矜；多关爱，不欺辱；多感恩，不贪婪；要培养二十有，即：有爱心，有信仰，有追求，有诚信，有责任，有修养，有耐心，有风度，有悟性，有经验，有远见，有威望，有交际，有慧眼，有激情，有原则，有个性，有骨气，有魄力，有毅力。要遵循：养成好习惯，调养好身体；健康适龄时，定期去捐血；动员周围人，爱心共同献；若还有闲暇，去当志愿者；岗前要受训，服务要虚心；穿着志工服，佩戴志工标；仪表需端庄，语言要文明；岗上不抽烟，酒后不上岗；女士不浓妆，男勿蓄须发；说话莫高调，迎送带微笑；称呼要礼貌，不可起外号；细心加耐心，服务要周到；宣传遵科学，做事讲实效；心态要阳光，自愿是方向；准确记工时，保持好形象；人生更充实，道路更宽广；团结齐努力，共同谋提高。

在志愿者骨干选拔和培养中要坚守三要原则，即：要本人愿意做（有兴趣），要有条件做，要能做好。

第三章 漫话献血

献血的历史是从流血和放血开始的。献血和输血理论的发展史，是人类认识血液和了解血液的进化史。不论原始的放血和喝血，还是现代的成分献血和成分输血，其目的只有一个，就是为了治病救命，强身健体。用献血和输血的方法治疗疾病、拯救生命这一设想能够实现和发展，应该归功于血液循环、A、B、O系统血型、输血和血液抗凝及保存技术的发现和发展。如今，输血已成为临床和急救中不可缺少的、重要的救治手段之一。目前，人造血还不能取代人的血液，因此，临床和急救所需要的血液或血液成分，还需要健康适龄的人捐献。为了治病救人，全球每年有上亿人次无偿地捐献全血、血液成分及骨髓血或外周血造血干细胞。现在，献血、输血与人类生活的关系已经是密不可分了。

第一节 献血史话

在古罗马的竞技场上，每当斗士在殊死搏斗中被打得头破血流，瘫倒在地时，观众会蜂拥而上，争相吸饮从斗士体内流出的鲜血，他们相信刚从斗士体内流出的鲜血最具生命力，喝下斗士的血可以将斗士的力量和强健的体魄转移到自己的身上。古时候人们认为，患病是由于恶魔进入人体血液中作怪而引起的，所以人们用放血的办法来驱赶恶魔。历史上曾用放血的方法治疗精神病、麻风病、面赤、头晕等病，我国民间至今还保留着用放血或放血后再拔火罐的办法治疗风寒、头痛及用放血的方法治疗高血压等疾病的做法。古人认为血液即生命，因此，有人将健康人的血液放出给患者治病。日本曾有一出古典戏剧，剧中有一位父亲为了治好儿子的麻风病，把自己的血液献出来让儿子喝的场面。史料记载，古埃及国王曾在掺了人血的水中沐浴以治疗象皮病。

1616 年，英国医学家威廉·哈维发现并报道了血液循环后，人们开始输血的研究。首先是德国化学家利巴维斯撰书谈论输血方法，他让身体健壮的年轻人充当献血者，老年人为受血者，用两根银制的管子将年轻人的血管和接受血液的老年人血管连接起来，使年轻人的血液流到老年人的体内，目的是使老年人返老还童。1639 年，英国发明家波特牧师开始研究如何给人输血。1652 年，波特牧师在给友人的信中详细地介绍了用雏鸡的膀胱做盛血的器皿，与用象牙制成的导管连接制成输血器具，用于抽血和输血。1665 年 2 月，英国的理查德·洛沃成功地完成了以狗为供者和受者的狗与狗之间的输血。他把一只健康狗的血抽出来，然后输给另一只被放了血，且已发生失血性休克濒临死亡的狗的体内，被放血的狗接受了输血以后，霍然精神起来，摇着尾巴跑了起来。理查德·洛沃被后人认为是在两个同种动物间进行输血的成功者。

法国数学和哲学教授、国王路易十四的御医吉恩巴波蒂斯波·丹尼斯在进行狗与狗相互输血获得成功之后，又设想以动物为供血者，将动物的血液抽出来输给人，以达到治病救人的目的。于是，1667 年 6 月 15 日，他给一位因长期发烧，曾多次施行放血治疗的 15 岁孩子再次放了 3 盎司血之后，将孩子的静脉用输血器与羊的颈动脉连接起来，输入了 9 盎司羊的血液。此后，这个孩子一扫过去嗜睡和精神错乱的状态，奇迹般的精神起来，病也好了。这一收获使吉恩巴波蒂斯波·丹尼斯信心大增，他决心再做更多的病例，以证明用动物作为供血者的输血疗法的作用。随后，他在一位患有狂躁症患者妻子的要求下，开始了以输血治疗狂躁症的实验。第一次，当狂躁症患者正在发病时，他给患者输注了一头性情极温和小牛的约5~6盎司全血，输血后患者的病情有所好转。数日后，那位患有狂躁症患者的妻子再一次强烈要求吉恩巴波蒂斯波·丹尼斯给其丈夫输血。因此，吉恩巴波蒂斯波·丹尼斯又给那位狂躁症患者进行了第二次输血。这次，丹尼斯的实验失败了，他的设想从此再没能如愿。吉恩巴波蒂斯波·丹尼斯被后人确认为是将动物血输给人的创始者。当时

图3-1　狗与狗

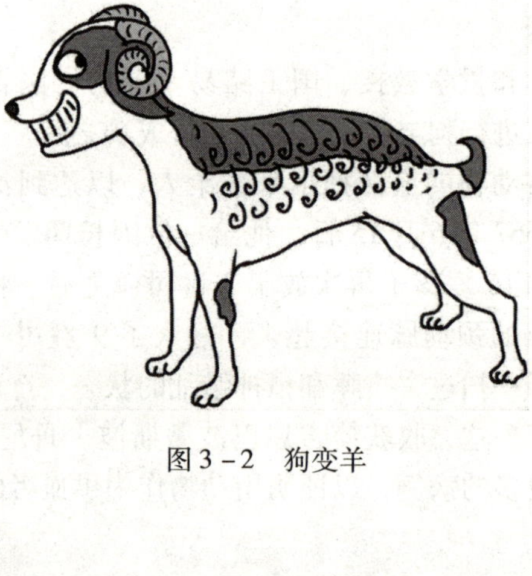

图3-2　狗变羊

十分盛行的说法是给精神患者输性情温和动物的血可以治疗狂躁症及精神病，输动物的血液还可以改变一个人的性格等。甚至传说给狗输了羊的血液，狗会长出羊角和羊毛；给狐狸输羊的血液，狐狸会不再去吃羊。尽管这种说法十分盛行，人们还是感到输血的害处要远远大于益处。至此，人们靠输血治病救命的设想仍处在幻想阶段，而失败又使人们对这种设想增添了几分怀疑和阻挠。

又过了一百多年，1795 年，美国的菲思吉克，开始了以人为供血者的输血试验，将一个健康人的血液抽出来，再输注给另一个人。由于菲思吉克的实验比他的校友詹姆斯·布兰德尔（1825 年在美国医学杂志上报道人与人之间输血实验获得成功）的实验时间早 30 年，因此他被后人确定为是实施人与人之间输血的第一人。1825 年后，布兰德尔又在狗身上做了 14 次抽血和输血实验，并且作出了十分科学的结论，即：①将血液从接受实验者的体内抽出，随后再还输回接受实验者的体内，其结果是血液不会失去活力，接受实验者的生命不会有危险；②静脉的血液和动脉的血液在输注时同样有效；③即使输入患者体内的血液比失去的血量少，也一样可以起到救命的作用；④给狗输注人的血液，不如输入狗的血液更有效；⑤不同种群之间不宜相互输血；⑥人血凝固的速度要比狗血凝固的速度迟缓一些；⑦用注射器进行输血比较容易操作；等等。布兰德尔的这些实验，使人们了解了异种动物之间相互输血的做法的利弊，开始了同种动物之间的输血。布兰德尔是一位妇产科医生，由于他所创立的同种输血的做法不是建立在血液免疫学基础上的，所以，在他以后的若干次为挽救产妇因失血过多而导致休克的输血中，虽然供血者均为同种的人，但仍然是成败参半。经过几个世纪的生死探索，由于人们未能看到人与人之间同种输血的安全性和希望。于是人们便开始进行替代血和自身输血的研究。

1854 年，当欧洲流行霍乱时，鲍威尔提出乳汁进入体内可以变成血液，当患者失血过多危及生命的时候，可以用牛奶代替血液输注给患者。1881 年，舒瓦克斯又提出生理盐水可以与血液混合，生理盐水与血液混合后可以增加血液总量，当人失血过多生命垂危时，用生理盐水替代血液输注给患者，可增加患者的有效血容量，从而达到拯救生命的目的。这是人类最早的关于替代血的研究。

图 3－3　卡尔·兰德斯坦纳

1874 年，英国人海默尔提出了自体输血的方法，他认为在没有安全的供血者时，可以将产妇自身流出的血液收集起来，再给她还输回去，并认为这种自体血回输的办法是拯救产后大出血产妇生命唯一安全有效的办法。

1900 年，卡尔·兰德斯坦纳和他的同事们发现了人类 A、B、O 系统血型的 A、B、O 三种血型。随后，又发现了 A、B、O 血型系统中的第四种血型和 Rh 血型系统，即 AB 型及 Rh（D）阳性血型和 Rh（D）阴性血型，从而结束了 19 世纪以前人类在血液疗法领域曲折的探索。A、B、O 系统和 Rh 系统血型的发现，开创了人类输血的新纪元。它不但解开了自布兰德尔以来因输血造成的副反应乃至死亡的恐惧之谜，也打开了人类步入输血疗法殿堂的大门。

血型技术在献血和输血中的应用，使人类苦苦研究了几百年的放血和输血的疗法真正成为治病救命的一种有效手段，而且是立竿见影的手段。由于输血器材和血液抗凝及保存剂的研究和发展相对晚于 A、B、O 血型的发现，因此，最初的献血和输血都是在床头进行的。即检验完受血者和献血者的血型，确认可以输血后，就在床边将献血者的血液抽出来，立即输给受血者。尽管这种模式的采血和输血现在看起来十分落后，但比波特牧师1652年向友人介绍的输血方法要科学了许多，而且确实拯救了许多人的生命。

人类的血液事业是在血型的发现、血液和血液成分的募集、采血和输血器具的改进、血液抗凝和保存营养液的研制、血液制剂的制备、采血和输血过程中消毒方法和输血技术的完善发展到一定程度的时候才真正建立和起步的。

第二节　现代献血

1921年，英国红十字会的波瑞·奥立弗组织成立了献血者协会。随后，苏联的巴格达萨于1926年在莫斯科开始了募集献血者的活动。1927年，美国在纽约也成立了有偿供血者的组织。1928年，在美国纽约又诞生了与有偿供血者组织性质完全不同的志愿无偿献血者组织。当时各国献血者募集组织的工作方式均为将募集到的献血者派遣到医疗机构，由临床医护人员直接采血和输血。

在20世纪初因提出“血液银行”概念而名噪输血界的Fantus，曾有过以尸体作为血源的采尸体血的念头，但真正付诸实践的还是前苏联的外科医生S. S. Yudin。1932年，在莫斯科急救医院工作的外科医生S. S. Yudin建立了一套比较完善的尸体血采集设施，开始以尸体作为血源，从尸体收集血液，进行输血的工作。西班牙内战期间，也有人提出用死者的尸体作为血源的提案，引起了西班牙社会各界的普遍关注和争议。美国伊利诺伊州大学的M. Visscher教授于1936年慕名到莫斯科访问参观S. S. Yudin进行尸体采血的操作及其采血设施，并留下了极为深刻而良好印象，他计划回国后立即开展此种采血，并向该大学的外科提出用那些没有亲戚朋友的死者的血去救助他人，而且要求在医院停尸间设置从事尸体采血的装置。不过，此要求不但没有获得批准，还引起了非议。官方认为，出于人道主义的观点不应批准以尸体作为血源的申请。1937 年，S. S. Yudin 在苏联发表了以 1000 具尸体作为血源，采集尸体血液进行输血的论文，此论文引起了全世界的震惊。

第二次世界大战爆发后，参战各国都积极地动员国内公民献血，将募集到的血液制成血液制剂（主要是干燥血浆）送往各自前方的部队。1937 年，美国红十字会展开了全国性的献血运动，到 1941 年共募集到 1300 单位的血液，这些血液大部分用弗洛斯特和莫德在 1935 年开发成功的干燥血浆制备技术制备成干燥血浆供给本国军队。1946 年，在英国举行的第 19 次国际红十字会与红新月会联合会理事会，以文件的形式通过了推动志愿无偿献血的原则，此后，国际红十字组织把推动志愿无偿献血工作作为自己的一项任务，做了大量的工作。随后，美国红十字会制订了在全国兴建血液中心的计划，在纽约的罗切斯特建立了世界第一个红十字的血液中心。到 1962 年，美国红十字会在全国设立了 55 个血液中心，在当时，这些血液中心与具有 4400 个医院院内血液中心和 123 个独立运营并以买卖血液及变相的存血还血制度为主体的血液银行相比，虽然有些势单力薄，但在志愿无偿献血活动的开展和运作方面是一个成功的尝试，对志愿无偿献血在世界范围的开展起到了积极的作用。

从血液事业萌生之日起，就有有偿和无偿两种献血形式。由于战时输血服务和无偿献血的作用及贡献巨大，各国政府和红十字会都将血液事业，特别是将血液的募集作为社会公益事业来开展。但是，在相当长的时间里，一直是有偿卖血和无偿献血并存。1970 年，英国社会学家泰特莫斯将供血者分为八种类型，他在批评美国医院内血液中心推行卖血的同时，也对欧洲各国盛行的无偿献血制度给予了褒扬，他认为唯有全社会的志愿无偿献血才是社会福利的基础。1973 年，在德黑兰举行的第 22 次红十字国际委员会会议上首次规范了志愿无偿献血者的概念，并指出：

推动志愿无偿献血是发展血液事业的根本。1946 年以来，世界卫生组织、国际红十字组织和国际输血协会曾多次向各国发出呼吁，强调从人道主义角度出发，以志愿无偿献血来保障医疗临床用血，并以此为基础建立自给自足的志愿无偿献血体系。确定输血事业应遵循在志愿无偿献血的基础上谋求发展的原则，献血是相互帮助，是无私奉献精神的体现，决不能带有强制性。无论在献血者方面，还是在献血组织方面，都不能以金钱和利益作为行为的动机。目前，只有少数几个国家和地区及单位仍然存在有偿供血为医疗临床提供血液的现象。大多数国家和地区已经实现了靠志愿无偿献血者所捐献的血液和血液成分以及骨髓血或外周血造血干细胞来满足医疗临床用血的目标。还有部分国家和地区不但实现了以志愿无偿献血来满足医疗临床所需要的血液、血液成分及骨髓血或外周血造血干细胞，还基本上实现了教学、科研和血液制品生产所需的血液或血液成分也由志愿无偿献血者们提供。

血液疗法在中国有着悠久的历史。我们的祖先很早就开始利用放血祛风，治疗风寒、癫痫、抽风，利用放血减压治疗高血压等疾病。1918 年，刘瑞恒等人在上海首先报道了中国人的血型。1921 年，北京协和医院等施行的几次临床输血，虽然献血者均为设计者及实施输血术的医务人员和患者家属，但它开辟了中国现代献血之先河。以后输血所需的血液大部分也都是由医务人员和伤病员的朋友、同事和亲属等自愿无偿捐献的。像著名爱国将领冯玉祥、吉鸿昌，中国红十字会抗战医疗救护队队长倪葆春等，都是我国早期的志愿无偿献血者。被誉为国际共产主义战士的白求恩大夫既是中国

图 3－4　白求恩

野战条件下输血的开创者，也是中国早期的无偿献血志愿者。

抗战时期，在中国人的眼里，“输血”是一种非常神奇而新鲜的事情，当时这种神奇的方法只有北京、上海、广州等少数几所大医院才能做到。在野战条件下进行输血，对于当时中国军队里的大部分医护人员来说连听都没有听说过。许多抗日将士因战伤失血过多而导致休克、死亡。1938 年 6 月，在白求恩大夫的建议下，八路军在五台县松岩口军区后方医院举办了野战外科输血学习班。在学习班上白求恩大夫首先详细讲授了输血疗法在野战外科的重要性、血液生理知识和 A、B、O 血型的基本知识、标准血清的制备、血型的鉴定及配血实验、采血和输血的方法等。并将一名因胸部外伤失血过多正处于昏迷状态的术后伤员推到讲课现场。白求恩大夫指着伤员对学员们说：“现在，我来进行野战外科条件下的采血和输血示范操作，你们哪一位敢第一个来献血?”当时年仅 32 岁的卫生部部长叶青山挽起袖子，走上前说：“我来献血!”白求恩大夫十分高兴地为他验过血型，做好配血实验后，让叶青山部长和伤员头脚相反躺在床上，拿出简易输血器具（在带有针头的皮管中间装一个三通阀门，再将三通阀门与注射器相连接），将输血器两侧的针头一侧刺入叶部长的左前臂的肘正中静脉，另一侧刺入伤员的左前臂正中静脉。白求恩大夫把输血器上的阀门开通后，还带有叶部长体温的血液就流入了伤员的体内。伤员醒了，在场的人们都高兴地跳了起来。第二个伤员又被推进了讲课现场，白求恩大夫主动躺在伤员的身旁，不容置否地说：“我是 O 型血，这次抽我的。你们谁第一个来进行操作?”神奇的输血抢救疗法在边区迅速传开，边区人民踊跃报名献血，仅经检验血型、登记入册的志愿无偿献血者就有上千人，很快就组成了一支由 1000 多名身强体壮的青年参加的野战志愿无偿献血者预备队，白求恩大夫高兴地称这支献血队伍为“群众移动血库”。

20 世纪 40 年代初由美国医药援华会（ABMAC）援建的军医署血库在云南昆明正式成立，在一年的时间里，有 7000 多位民众参加了志愿无偿献血，这些血液被制成 3000 余瓶冻干血浆，送往抗日前线。

抗美援朝时期，东北地区百万军民志愿无偿献血，为朝鲜前线的志愿军提供了大量的全血、红细胞及血浆制剂。

抗美援朝胜利后，输血技术在全国得到了普及，临床用血量逐渐增大，从而有偿供血应运而生，并成为解决临床、急救、科研、教学及血液制品生产所需血液和血液成分的主要来源。

1978 年，国务院为了解决有偿供血中存在的弊端和血源不足等问题，在国发（1978）第 242 号文中确定：实行公民义务献血制度，是改变我国落后面貌，解决医疗和战备储备用血的一项根本办法。各地要把输血工作当做一项重要工作抓起来，加强领导，不断总结经验，切实把输血工作做好。

1984 年，在大连召开的全国输血工作座谈会上总结了实行公民义务献血制度 6 年来的工作经验，提出提倡和鼓励公民无偿献血，并要求各地积极创造条件，使公民义务献血从有偿（发放营养补助费）逐步向无偿（公民献血后不领取营养补助费）过渡。

1987 年，为规范和促进无偿献血活动的开展，国家卫生部和中国红十字会总会联合颁布了《无偿志愿献血奖励办法》（试行稿），明确“无偿志愿献血系指献血者献血后在献血单位和本人工作单位均不领取营养费、各种补助费和其他报酬者”。

1992 年 7 月 30 日下午，原国务委员李铁映同志在北京人民大会堂会见时任美国红十字会 HLA 实验室主任的国际著名血液免疫学专家李政道时明确指出：中国输血事业发展的总方向应该是无偿献血。目前，我国一些地方卖血甚至出现“血霸”。有偿献血确实弊端很多，有偿献血和变相有偿补助阻碍了血液事业的发展，要取消卖血，尽快缩小有偿献血的比例，扩大无偿献血的比例。

1993年3月20日，时任卫生部部长的陈敏章签发了中华人民共和国卫生部令（第29号）《采供血机构和血液管理办法》。该办法的第一条明确指出："为加强采供血机构和血液管理，保证血液质量，推行无偿献血，保护公民健康制定本办法。"

1993年10月31日，第八届全国人民代表大会常务委员会第四次会议通过了《中华人民共和国红十字会法》。该法规定：红十字会要"参与输血献血工作，推动无偿献血"。

1994年5月，为防止各地在推动无偿献血过程中再出现高补贴、放长假、公费旅游等无偿献血有偿化的现象，避免无偿献血重蹈公民义务献血的覆辙，促进无偿献血更有效地健康发展，中国红十字会总会在大连召开了"中国红十字会首届无偿献血经验交流会暨研讨会"，会上重申了国际红十字会组织对无偿献血所做的规范性定义，受邀的香港红十字输血服务中心的专家连智杰医生介绍了香港开展无偿献血工作的做法和经验。同时，还请与会专家介绍了美国、日本、德国、澳大利亚等国家和中国台湾地区推广志愿无偿献血的成功经验。

随后，中国红十字会总会又先后召开了几次同样的会议，大大地推动了中国志愿无偿献血活动的发展，使志愿无偿献血这一体现社会文明程度的活动，在全国各地迅速开展起来。特别是深圳，海外用二三十年完成的靠志愿无偿献血者提供的血液满足临床医疗和急救用血，在深圳只用了五六年的时间就实现了。与此同时，吉林的通化、广东的韶关、珠海、东莞、中山、惠州和佛山等城市志愿无偿献血也得到了较快的发展，为无偿献血制度在我国的制定和实行奠定了坚实的基础。

1997年12月29日，第八届全国人民代表大会常务委员会通过了《中华人民共和国献血法》（1998年10月1日起施行，以下简称《献血法》）。《献血法》明确规定："国家实行无偿献血制度。国家提倡十八周岁至五十五周岁的健康公民自愿献血。”（2011 版国标规定：“既往无献血反应，符合健康检查要求的多次献血者，主动要求献血的，年龄可延长至 60 周岁。”）《献血法》还明确规定：“地方各级人民政府领导本行政区域内的献血工作，统一规划并负责组织、协调有关部门共同做好献血工作。血站是采集、提供临床用血的机构，是不以营利为目的的公益性组织。”《献血法》规定了健康公民献血的年龄界限，也强调了公民自愿献血的原则。还进一步明确了各级人民政府在推行无偿献血中的作用和职责、血站的任务和性质等一系列问题。对推动无偿献血提供了有力的保障。《献血法》的颁布和施行，加速了我国实现临床和急救用血完全由自愿无偿献血来提供的步伐。《献血法》施行后，全国各地陆续实现了临床和急救用血百分之百由无偿献血提供的目标。

第三节　国际组织对志愿无偿献血的决议和原则

志愿无偿献血这种血液募集形式是世界卫生组织（WHO）、国际红十字会及国际输血协会（ISBT）共同倡导和努力推动的献血形式。在 20 世纪 20 年代初，国际红十字会组织就认识到了推动志愿无偿献血的重要性。理事会认为，为使国民普遍关注的献血和输血事业得到发展，红十字会应积极参加这一新兴事业。二战后，输血技术水平大大提高，临床、急救以及血液制品生产所需的血液及血液成分的量越来越大，这些血液及血液成分的来源和获取形式引起了世界各国的关注。

1936 年，在巴黎召开的第 16 次红十字会与红新月会协会理事会上通过的第 22 号决议指出：组织本国人民积极参加志愿无偿献血活动是十分符合红十字宗旨的行为，协会将为此向各国提供一切有关的情报。希望各国红十字会在血液事业中起主导作用。

1946 年，在英国牛津举行的第 19 次国际红十字会与红新月会联合会理事会通过的第40号决议强调：无论是战时还是平时，血液事业都是十分重要的，会议通过了“对献血者提供血液不应支付报酬”的无偿献血原则。

1948年，在斯德哥尔摩召开的第17届红十字国际会议，希望各国红十字会能与政府密切合作，在建立血液中心的同时，力争实现志愿无偿献血。

1950年，在蒙特卡洛召开的第21届红十字国际联合会理事会，再次强调血液事业在一个国家的重要性，通过了各国红十字会在必要的地区建立红十字血液中心，要加强管理，建立无偿献血者档案等。

1957年，在新德里召开的第19届红十字国际会议申明：血液事业应贯彻人道主义原则，并建议各国红十字会要进行关于血液事业的教育，制订献血者的募集计划。

1959年，在雅典召开的第25届红十字会国际联合会理事会议，要求各国红十字会要与政府紧密配合，将血液事业中以赢利为目的的各种团体在适当的时候排除血液事业之外。

1963年，在日内瓦召开了国际红十字会100周年纪念会号召各国红十字会，要为募集更多定期献血的志愿无偿献血者而努力工作，要加强与世界卫生组织和国际输血协会的配合，会议建立了红十字血液专家会议制度。

1965年，在维也纳召开的第20届红十字国际会议，呼吁不要把血液当做商品进行买卖，只有志愿无偿献血才是正确的选择，要在对人的心理和社会发展研究的基础上，注重符合人类正义要求的广告宣传，要设定国家的和国际的献血日，特别要对青少年进行深入宣传，这是今后各国红十字会的重要工作内容。

1973年，在德黑兰举行的第22次红十字国际会议，对血液事业取得的成果进行了评价。首次提出了发展红十字志愿无偿献血者队伍，并定义红十字志愿无偿献血者是“不要报酬，将自己提供的血液完全委托给红十字组织处理”的献血者。特别指出：自发自愿的献血才是红十字血液事业的根基，志愿无偿献血者不应接受直接的感谢和物质及报酬。但是，以下待遇是合理的，不应视为物质报酬。①软饮料；②营养品补充；③献血前的体格检查；④献血当日的有薪休假；⑤到血液中心的迎送；⑥献血后受到的适当照顾。

1974 年，作为红十字血液专家会议的继续，世界卫生组织与红十字国际联合会召开第二次咨询委员会，会议的主题是血浆单采商品化问题。世界卫生组织总干事长在报告中提出应该注意的 10 个问题。世界卫生组织对其成员国提出劝告：①以无偿献血为基础，推进由国家或者相当于一级水准的团体进行血液服务系统的开发工作。②迅速制定与采血业务相关的法律，采取维护献血者和受血者身体健康的必要措施。提出：①与红十字组织协手对各加盟国进行援助。②协助各国完善以无偿献血为基础的国与国之间的血液需求供给体制。③对在发展中国家进行商业性采浆的做法要从健康和道德的角度继续进行调查。④为了保障献血者与受血者的健康，应建立血液及血液制品的 GMP（医用的制造管理及质量管理标准）。⑤以上事项的进展情况要定期向世界卫生组织大会提交报告。

1975 年，在日内瓦召开的世界卫生组织会议指出：20 世纪 60 年代后期，血浆蛋白制剂的需求量猛增，以血浆交易为中心的商业活动愈演愈烈。世界卫生组织提醒国际社会不能无视这种以人血为交易对象的商业活动，并发出反对“血液贸易”的呼吁。

1975 年，在德国柏林召开的红十字国际联合会与世界卫生组织的联合会议强调：即使进行成分输血，也应像全血的无偿采集一样，朝着志愿无偿献血的方向过渡。营利团体采浆及其买卖对无偿献血体制的威胁应引起有关组织的高度重视。

1977 年，在布加勒斯特召开的第 23 届红十字国际会议上通过了一系列有关血液方面的决议，采纳了红十字血液专家会议提出的准则及规定。

（1）广泛有效地向临床供给血液、血液成分及血浆制品是社会的责任，是否能做到以高水平的服务和最低的成本最大限度地满足临床需要的关键，在于管理血液事业的组织是否摆脱了营利的动机。

（2）向临床提供血液、血液成分及血浆制品，无论在何种情况下，都属于人道性质的，提供此项服务的组织对所服务的区域应承担相应的职责。

（3）血液事业应在全国范围内开展，并置于国家卫生行政部门的监督之下。

（4）为了保障献血者和受血者的健康，在采血、调制和供给的每一个环节上，都应高度遵守医学的、伦理的标准。

（5）血液、血液成分以及血浆制品是现代世界人民生命健康的必需品，它来自人类本身。最小的浪费、最高标准的质量、充足的供应是血液事业不可缺少的特征。

1981 年，在马尼拉召开的第 24 届红十字与红新月会国际联合会上提出：由于献血者从自愿无偿献血制度中得不到任何经济好处，献血者可以毫不犹豫地主动说明可能对受血者的不利因素（如曾患过某种疾病），这是志愿无偿献血者可以很自然地遵循的道德规范。故无偿献血被视为对献血者和受血者是最安全的。由于成分输血的出现，使得有限的血液资源得到了充分合理的利用，一直紧张的临床用血状态得到了有效缓解，因此提倡成分输血是主张血液事业远离营利的行为。

1990 年，国际红十字会和国际输血协会在布鲁塞尔召开了欧共体与欧洲输血专家理事会，会议讨论了“志愿无偿献血者”的确切概念，并得到了国际红十字组织、世界卫生组织和国际输血协会的认可。与会专家们提出：“出于自愿提供自身的血液、血浆或其他血液成分而不获取任何报酬的人被称为志愿无偿献血者。无论是现金或礼品都可视为金钱的替代，包括休假和旅游等，而小型纪念品、茶点以及支付短途交通费用则是合理的。”

1991 年，在布达佩斯召开的国际红十字会与红新月会联合会的第八届大会，进一步明确了志愿无偿献血的定义。

2001 年在南非举行的第八届志愿无偿献血者招募国际大会上，世界卫生组织、红十字会与红新月会国际联合会、国际献血组织联合会、国际输血协会联合倡导将发现 ABO 血型系统的诺贝尔奖获得者卡尔·兰德斯坦纳的生日 6 月 14 日定为“世界献血者日”，每年举办相关活动。通过这一特殊日子感谢那些为挽救病患者生命而志愿无偿献血的人，特别是多次定期志愿无偿献血者；同时，希望推广无偿献血的重要意义和血液安全的意识能得到社会各界更广泛的认同，进而唤起更多人，特别是青年人自觉加入无偿献血者的行列，最终成为固定的无偿献血者，为临床救助生命提供更充足、更安全的血液。从此无偿献血者又多了一个节日，各地也纷纷利用这个节日开展形式多样的慰问、纪念和宣传活动。

第四节　科学地定期志愿无偿献血，无损健康长寿

民间曾流传着“一滴血、十担谷，一滴血、十只鸡”“一滴血、十滴精”“血液受之于父母，不可丢失，否则会伤元气”等荒谬的说法，甚至存在着谈血色变及见血即晕的现象。诸此种种，是由于人们缺乏血液生理知识和献血常识所致。

国内外专家对献血与健康的关系进行了大量的研究。结果发现适量献血无损身体，而且有益健康长寿。这一研究结果已被国内外亿万献血者的实践所证实。本书作者近 30 年累计捐献全血 2 万多毫升和捐献机采浓缩血小板 200 多次的经历，深信长期坚持科学地定期志愿无偿献血有益增添自豪感和快乐感。

科学地志愿无偿献血，就是依据《献血者健康检查标准》和国标《献血者健康检查要求》规定，在具有执业资格的专科医护人员的检查指导和监护下，自愿提供自身的血液、血小板、血浆或其他血液成分而不获取任何报酬的捐血。

一、血液可以再生，科学捐血无损健康长寿

人体血液中占体积总量最大的成分是红细胞和水。成年人的血细胞主要在红骨髓中产生，健康成人每天大约有1/120（约相当于40毫升血液中的红细胞）的红血细胞衰老、死亡，同时也有相应数量的年轻红细胞生成。死亡的红细胞分解代谢后大部分会被排出体外，只有铁等少部分物质被回收留在体内再利用。人体骨髓有强大的代偿功能，在强烈刺激下，骨髓造血功能可增至正常的6~8倍，根据造血细胞动力学估算：每个健康成人每天生成红细胞约20×10^{10}个，粒细胞11.5×10^{11}个，血小板12×10^{10}个。这些血细胞的总重量约200克，一个健康成人每年新生的血细胞相当于自己体重的1.5倍，由此可见，人体血液成分的吐故纳新活动是十分活跃的。健康人适量献血后循环血量很快就

图3-5　献血长寿

会恢复到正常水平。符合献血标准者一次献全血或血液成分200～400毫升，不会影响其机体的正常生理功能，也无损身体健康。骨髓的造血功能同人体其他组织器官一样，进入中年后随着年龄的增长，造血功能也会逐渐下降。健康适龄者在专科执业医师的监护下定期适量献血，使其骨髓造血系统不断受到刺激，保持旺盛的新陈代谢状态，从而不断生成新的血细胞，随着年轻细胞的增多，人体抵抗力也会相应增强。著名医学家卡尔等人对1916年1月前出生的献血者332人，与在同一地区出生年龄和性别也类似的未献血者339人进行比较，结果是，献血者的平均寿命为70.1岁，未献血者的平均寿命为67.5岁，说明献血者的寿命明显高于未献血者。可见，长期适量献血可增进身心健康、无损健康长寿。

二、科学献血可降低血液黏稠度，使人活动轻松、头脑清醒

科学家以血液流变学和血液动态学对血液的多项检测指标与献血的关系进行研究，认为血液的流速、血管的弹性与血液的黏稠度、红细胞的可变性、血浆蛋白的浓度等因素有关，当血液中的红细胞比积较高（超过40%）或红细胞聚集成簇时，红细胞在通过微小毛细血管时的变形能力下降，使血液的黏稠度增大，循环阻力增大，微循环血液流速放缓，代谢产物排出不畅，营养运输不到位，导致组织营养障碍、缺氧，凝血因子活性增高从而导致高黏血症，最常见的症状为头脑发胀，头重、头晕、听力障碍、末梢血循环差及末梢神经感觉异常，严重者发生急性脑梗塞或脑出血等。有关专家对反复献血组26例，急性脑梗塞患者组22例的血液流变学各项均值做了比较，结果表明，反复献血组的全血黏度、红细胞压积、纤维蛋白原、红细胞电泳胆固醇和血脂等均明显较正常范围上限低，而急性脑梗塞患者组的上述指标

均超出正常范围，提示脑梗塞患者存在着高黏血症，而长期坚持定期献血会使血液黏稠度下降，血液流速正常，代谢废物排出顺畅，营养及时输送到预定位置，组织营养和血氧供给充足，人就会感到活动轻松，头脑清醒。

几十年来，国内外专家进行了大量的献血与心血管疾病方面的研究。青岛医学院的专家以“关于多次献血者血液稀释状态与动脉压及心脑血管疾病的关系”为课题，对多次献血者 127 例、高血压患者 87 例、缺血性中风患者 60 例进行了血液流变学对照性研究，结果表明，献血对心脑血管系统有良好的远期影响，对减少心脑血管疾病的发病率具有积极的预防作用。1984 ~ 1989 年，芬兰科学院院士萨洛宁教授和他的研究小组，对 2682 名42 ~60 岁的男性进行了调查分析，结果表明，献过血的人 5. 5 年后患冠心病的比例比没有献过血的人低 86%。在另一项研究中，对献血 1 ~12 次的 1532 名献血者跟踪观察，结果仅 1 人发生急性心肌梗塞，发生率为 0. 065%；同时对未献过血的 2306 人进行对照观察，有 226 人发生急性心肌梗塞，发生率高达 9. 8%，与献血组有明显差别。美国堪萨斯大学医学中心一个心血管疾病研究小组，对 655 名献过血的人和约 3000 名未献过血的人进行跟踪调查，发现在过去 3 年中献过血的男子患心血管疾病的危险是未献过血的人的 1/2，患某些心脑血管疾病的危险只有后者的 1/3。这种现象被专家们解释为与体内铁元素的贮存量减少有关。正常人每献出 500 毫升血液（美国一次献血的数量为 250 ~500 毫升，这里以 500 毫升为检测参数），相当于排出 200 ~500 毫克铁。德国施塔弗尔施泰因临床教学医院院长昆特·比尔巴默博士在他的研究报告中指出：血液中铁元素的含量与血管钙化（即动脉硬化）有着直接关系。血液中铁的含量过高会促进血脂氧化，进而加快血管钙化的速度，增加中风发生的危险，特别是当血液中胆固醇的含量偏高时，发生中风的危险性就更大。而定期献血会降低血液中铁的含量，延缓血管的钙化过程。血液中铁元素含量较低的人，即使是血脂指数高于正常标准，患动脉硬化的可能性也相对较小。在此之前，科学家曾注意到女性，特别是育龄期中青年女性与同龄男性相比患中风的比例明显偏低，但随着年龄的增大，患中风的比例会随之增大。针对这一现象，奥地利因斯布鲁克神经医科大学的专家们进行了长达5年的观察和研究。发现育龄期中青年女性发生中风的比例明显低于同龄男性的主要原因是：育龄期中青年女性定期的月经流血丢失了红细胞，降低了其血液中铁元素含量。另有研究报道，由于铁元素在人体合成氧化酶过程中起催化剂作用，献血后人体内铁元素明显减少，因此人体合成的氧化酶的数量也相应减少，从而附着于血管壁上的沉积物也随之减少。此外，含铁量高有助于形成损害动脉的胆固醇自由基。因此，专家认为：40岁以上的生活水平较好者科学地定期献血不但可降低血铁水平，减少氧化酶的含量和脂肪的氧化，预防或延缓动脉粥样硬化的形成，而且还可降低血液黏稠度，降低高黏血症、糖尿病、高血压、心脑血管等疾病及中风的发病率。

三、中年人献血可减少癌症的发病率

铁元素是人体不可缺少的物质，也是骨髓造血的主要原料之一。铁含量过低易患贫血，过高则同样会影响健康。《国际癌症》杂志的一篇研究报告指出：男人献血可以防止癌症。因为，如果男性体内的铁含量超过正常值的10%，罹患癌症的概率会增加。由于女性月经期流血时损失了一定数量的铁质，所以，研究中未发现铁含量与女性罹患癌症的概率有明显关系。对于男子来说，排除体内过多铁质简捷而有效的方法就是放血。因此，笔者倡导体内铁质含量较高的男性，特别是符合献血条件的40岁以上的中年男性和绝经后的女性，应在医生指导下，坚持定期献血，不但可以拯救他人的生命，还有助于自身养成良好的饮食和生活习惯，预防相关疾病。

四、献血既可救人，又可以促进自身的心身健康

人们在帮助别人时，心中会产生欣慰感、自豪感和愉快的心情，这样可以促进心身健康。心身健康了，就有利于健康长寿。相反，做了损害他人的事，迟早其内心深处会感到不安和自责的，从而影响心理和身体健康。美国密执安州大学以“社会关系如何影响人的死亡率”为题，对2700多人进行长达14年的跟踪调查，发现一个乐于助人和与他人相处融洽的人，预期寿命明显增加，男性中尤其显著。心怀恶意、损人利己和与他人相处不融洽的人，死亡率比乐于助人者高1.5倍，结论是“善意影响人的寿命”。心情影响人的健康，心情愉快是健康长寿的基石。

科学家研究发现，助人为乐、与人为善的思想和行为可激发人们对他的友爱和感激之情，可缓解在日常生活中产生的焦虑。健康的情绪通过神经大脑使人体处于良好的平衡状态，人体的抵抗力增强，从而抵御各种疾病侵袭的能力就强。

施与者总比受者更能体现自己的社会价值，更有满足感，自豪感。香港的献血标语“施比受更有福”就是这个意思。志愿无偿献血者用自己健康的血液挽救和延续了他人的生命，弘扬了人类珍惜生命、共同生存、友爱互助的高尚情操。献血使人的心灵得到慰藉，使人生更加充实。

综上所述，科学地坚持定期志愿无偿献血，不但可以达到奉献爱心、拯救他人生命的目的，还会收到增强人的自信心、使命感、自豪感、快乐感，促进人的心身健康，提高机体抵抗力和免疫力，预防高黏血症、癌症、糖尿病、高血压及心脑血管等疾病的效果。定期志愿无偿献血还可以使人养成良好的饮食和生活习惯，提高保健意识，收到延年益寿的效果。志愿无偿献血利己、利民、利社会。

第四章 中国医药用血液来源形式分类、内涵和意义

1998 年 10 月 1 日，“国家实行无偿献血制度”以来，我国医疗临床用血液的来源形式发生了根本的变化。血液的各种来源形式的组织方式、内涵、意义及其优缺点都得到了不同程度的实践和展示。虽然血液的各种来源形式常被统称为献血，但是各种献血形式的准确名称、内涵、意义、安全程度及保障力度等却相差甚远。为挖掘和弘扬理想的血液来源形式，促进我国医药用血液来源形式的健康持续发展，笔者对我国医药用血液的来源形式进行了回顾性梳理、分类，并对各种类型血液来源形式的内涵和意义进行了剖析性研究和展望，现总结如下。

第一节 分类方法及各种类型的概念、内涵和意义

医药用血液几百年的募集实践经历了从异种供血到同种异体供血，再到自体供血；从志愿无偿献血和互助性无偿献血到公民义务献血，又从有偿供血到志愿无偿献血的艰苦探索。概括起来，血液来源形式可从免疫学、经济学、组织形式、献血次数和献血品种五个角度进行分类。

一、免疫学分类

从免疫学角度可分为异种供血、同种异体供血、自体供血和

特殊需要供血四种类型。

1. 异种供血

异种供血是指将狗、牛或羊等动物的血抽出来输给人，祈望强身健体或拯救生命，异种血直接输注给人多以失败而告终，目前极少采用。

2. 同种异体供血

同种异体供血是指一个人为了挽救他人生命或为了防治他人的疾病，献出自己体内部分血液的行为。目前，医药所需的血液及血液成分基本上都是来自于同种异体献血。

3. 自体供血

自体供血是指自己给自己献血或自体血回收后再还输给自己体内。自体供血分自体血预储或自体血回收两种。自体血预储是指有计划地将自己体内的部分血液抽出来储存备用，待自己亟须时再行还输；自体血回收多指将从自己体内流出的血液回收，在适当时机再输回到自己体内。人的自体供血这种血液来源形式起源于 1874 年。随着科学技术的发展和人们输血安全意识的不断提高，自身供血的优越性逐渐被人们所认识和推崇，应用前景广阔。因为这是一种既节约又便捷，还可避免输血传播疾病和同种免疫反应等不安全因素的最安全血液来源形式。所以《献血法》确定：“国家提倡并指导择期手术的患者自身储血。”

4. 特殊需要供血

特殊需要供血是指那些根据特殊需要进行的献血。如 Rh（D）阴性或稀有血型者，为拯救同型病患生命的应急献血；血小板配型相合的志愿献血者，为特定患者捐献配型相合的机采血小板的成分献血；HLA 配型相容的志愿献髓者，为需要重新建立造血和免疫功能而延续生命的病患献骨髓血或外周血造血干细胞混悬液或产妇分娩后捐献胎盘和脐带血；IgA 缺乏者，为特定病患或实验献血；含特异性抗体或抗原者（如：SARS 和甲型

H1N1 等病患康复者及接受过免疫者），为科研或试剂制备及生产进行的献血等。

图 4－1　特殊需要供血

二、经济学分类

从经济学角度可分为有偿献血和无偿献血两种类型。

1. 有偿献血

有偿献血是指献血后领取一定数额的钱物的献血形式。我国的有偿献血主要指献血者献血后，按国家有关部门规定或相关单位及个人商定的营养补助费及票证发放标准领取钱物、票证或卡（购物卡、充值卡）等的献血形式。

我国的有偿献血分公民义务献血和个体供血两种形式。

（1）公民义务献血，是指公民出于响应号召、尽公民的义务或为完成上级给自己所在单位或组织下达的指令性献血任务指标，将自己的血液提供给需要输血的人。我国的公民义务献血有严密的组织及福利保障。其政策依据是中华人民共和国国务院

［1978］242 号文件中“实行公民义务献血制度”，“对献血者除精神鼓励外，应发给适当的营养补助费和副食品票证。职工参加体检和献血的当天，应算公休，按出勤照发工资；农村公社社员应照记工分，由采血单位发给误工补贴”。其营养补助费或误工补贴均由用血的人承担。由此可见，我国的公民义务献血和个体供血同属有偿献血范畴。由于公民义务献血的指令性、任务指标性、补贴性和有偿性，所以冒名顶替现象十分严重。公民义务献血制度，自 1998 年 10 月 1 日起被无偿献血制度所取代。

（2）个体供血，又称有偿献血，俗称“卖血”，是指献血者出于经济目的，自愿将血液有偿提供给需要用血的人的行为。个体供血因“公民义务献血制度”的实行而合法化和规范化。个体供血与公民义务献血的差别是，个体供血是献血者出于经济目的以社会人的身份进行的个体献血，而公民义务献血是单位或组织，根据政府及其相关部门下达的指令性指标，组织的集体有偿献血；单位组织的义务献血，公民献血后除了从采血机构领取由用血者承担的营养补助费外，单位还有相当可观的福利和奖励，甚至较长的带薪假期；而个体供血者献血后除了从采供血机构领取由用血者承担的营养补助费外，再无其他相应福利，更不可能有什么奖励或带薪假期。从而可以看出，这种所谓的“卖血”，“卖血”者献血后所获的利益回报远远不及参加单位组织的公民义务献血多。不过，供血者受经济利益的驱使，不惜牺牲自己的健康甚至生命安全，铤而走险、四处流窜、巧立名目、多点登记，甚至冒名顶替、频繁供血，所供血液质量低、安全系数小、传播可经输血途径传播疾病的概率明显高于志愿无偿献血。因此，刑法规定：“非法组织他人卖血的”“由县级以上地方人民政府卫生行政部门予以取缔，没收非法所得，可以并处十万元以下的罚款”；“非法组织他人出卖血液的，处五年以下有期徒刑，并处罚金”。

目前，时常有人会将无偿献血称为义务献血，但却很少有人将无偿献血称为公民义务献血。这可能是由于民众普遍认为无偿献血是每个健康适龄公民应尽的义务。因此，无偿献血被称为义务献血可能会成为约定成俗的称谓。从而，人们所讲的公民义务献血和义务献血可能将成为性质完全不同的两种献血形式。但是，无论作何称呼，只要与钱物、票证、卡或福利（购物卡、充值卡、休假或旅游等）及利益挂钩的献血形式都属于有偿献血范畴。

2. 无偿献血

无偿献血是指民众不图财物，无偿将自己的血液捐献给亟待输血延续生命之伤病患者的一种献血形式。可分为志愿无偿献血、指令指标性无偿献血和互助性无偿献血。但是，目前我国无偿献血的成分和内涵十分复杂，其中有些无偿献血实属有偿献血范畴。

图 4－2　无偿献血

（1）志愿无偿献血（亦称：无偿志愿献血）　志愿无偿献血和非指令指标性自愿无偿献血应属同一种献血形式，简称捐血。它是指健康适龄者为了挽救他人生命或防治他人的疾病，不受任何组织或个人的裹胁或指使，不图任何财物或利益回报，自愿地将自己的血液无偿地捐献给需要输血的人。1990 年国际红十字会和国际输血协会的布鲁塞尔会议及 1991 年在布达佩斯召开的国际红十字与红新月会联合会第八届大会为“志愿无偿献血者”确定的概念和定义是：出于自愿提供自身的血液、血浆或其他血液成分而不获取任何报酬的人被称为志愿无偿献血者。无论是现金或礼品都可视为金钱的替代，包括休假和旅游等。而小型纪念品、茶点以及支付适当的短途交通费用则是合理的。志愿无偿献血的历史可视为输血技术的伴生史。它是一种最受国际相关组织和机构推崇，最健康、最便捷、最安全的血源来源形式。因此，《中华人民共和国献血法》（以下简称《献血法》）规定“国家实行无偿献血制度”。“提倡18至55周岁的健康公民自愿献血”。深圳自2000年5月开始，招募、培训和引导有多次献血经历的无偿献血志愿者（亦称：志愿工作者，简称：志工）参与捐血献髓（无偿献血和捐献骨髓血及外周血造血干细胞的简称）的宣传和对志愿捐献者的招募、保留、召回和监护等志愿服务，使志愿无偿献血的宣传和对志愿捐献者的招募和保留工作进入了良性循环状态，实现了社会各界共同推动无偿献血活动发展的夙愿，探索出了保障捐血献髓活动持续健康发展的长效机制和志愿无偿献血宣传和对志愿捐献者的招募的理想模式。

（2）指标性无偿献血　是指国家机关、军队、社会团体、企事业单位、居民或村民委员会等，依据政府或上级单位及组织下达的指令性任务或计划指标组织的无偿献血。我国许多地方政府在公民义务献血和无偿献血方面都下达过指令性献血任务指标或计划。这种献血形式的优点是：领导重视，组织和计划严密、见效快，属计划经济的产物，是具有中国特色的无偿献血，可作为从有偿献血向无偿献血的过渡或解决偏型和阶段性缺血。指标性无偿献血的缺点是：易出现从众、裹胁、被迫、抽签或抓阄及高补贴、放长假、公费旅游和冒名顶替等违背自愿无偿宗旨的弊端，易生腐败和经济及治安问题，在市场经济状况下可操作性差，越做越难、易演变为有偿献血的延续，不利于无偿献血活动的健康持续发展。因此，应大力推行非指令和非计划指标的志愿无偿献血。

（3）互助性无偿献血　是指亲友、同事、同学等为特定对象进行的献血活动。该种献血形式历史悠久，曾经是应急用血液的主要来源形式。国家提倡“动员家庭、亲友、所在单位以及社会互助献血”。这种献血形式的优点是既可以缓解血液供需紧张的矛盾，又有利于增进亲情和友情。但是，如果操作不当会增加患者及其家人的负担，使患者及其亲友产生雪上加霜的感觉。互助献血易发生从众、裹胁、强迫、雇用或冒名顶替的现象和患者的负债感。互助献血存在着巨大的经济潜能，易被变通为交易性的有偿供血。因此，现在“互助”一词下的献血变得复杂而混乱。在某些“缺血”地区，互助献血已成为滋生经济问题和违法事件的温床和保护伞。所以，为保证无偿献血活动健康持续发展，除特殊情况必须互助外，不宜常规开展互助献血。

三、按组织类型分类

从组织类型角度可简单地分为个体献血和集体献血两种。

1. 个体献血

个体献血包括个体供血，是指献血者未受任何组织或个人指使、裹胁、强迫、雇用，完全出于个人意愿进行的献/供血活动。

2. 集体献血

集体（亦称团体）献血包括集体供血。集体献血是指有计划、有组织的献血活动。我国的集体献血经历过集体有偿献/供血、指令指标性的集体公民义务献血、指令指标性的集体无偿献血和非指令指标性的集体志愿无偿献血。指标性集体献血与指标性公民义务献血都是优缺点参半，组织的次数越多效果越差，特别是在市场经济状况下可操作性尤差。非指标性的集体志愿无偿献血是靠宣传和服务唤起人们的献血积极性，无偿献血人数的多少往往与举办次数的多少和服务质量的高低成正比。非指标性集体无偿献血每次实际献血人数和一次献400毫升的比例，明显高于指标性集体献血。因此，应加大非指标性集体志愿无偿献血基地和组织者的培养，以备解决血液偏型和阶段性缺血问题。

图4－3　集体献血

有些地方将军队和大中专院校当做血液的主要来源基地开发，有过度依赖和非理性开发现象，结果是难以走出困境或摆脱被动局面。多年的实践告诉我们：不能把大中专院校和军队的集体献血作为血液来源的主流，不能依赖，更不能急功近利过度开发，重在宣教、引导、培养志愿献血意识、打基础、配合和服务，追求远期效果。要遵守志愿、自助和自豪的原则。

四、按献血次数分类

从献血次数角度可分为初次献血、再次献血、多次献血、固定献血和定期献血。此类献血在有偿和无偿献血中均有涉及，这里主要探讨对目前和今后有重要意义的无偿献血。

1. 初次献血

初次献血是指过去没有献血经历者的第一次献血。每个献血者都要经历第一次献血。一个人的第一次献血经历，直接影响他们能否成为再次、固定或定期捐血者。因此，对于初次献血者的服务应周到热情，侧重于对其进行血液生理知识、献血常识及相关政策法规、献血理念、献血前的心理辅导和献血后的良好感受的交流，使其树立正确的献血理念，消除其疑惑和紧张情绪，使其轻松愉快地完成献血的意愿。勉强献血和简单片面地追求献血人数及一次献血 400 毫升的比例或一抽了事，不利于献血活动的健康持续发展。

2. 再次献血

再次献血（亦称：重复献血）是指过去有过献血经历又献血的献血者。在接待再次献血者时，特别是在接待第二次、第三次的献血者时应侧重于在保留和招募固定、定期献血和志愿献机采成分血者和志愿献髓者方面下工夫，多与其交流献血后的感受和体会、唤起其内心的自豪感和快乐感、普及机采成分血和献髓知识，纠正其对献血方面的错误认识，使其树立定期志愿无偿献血的决心。

3. 多次献血

多次献血一般指献血三次及三次以上。在与献血三次及以上者交流时，除了继续与其交流献血后的感受和体会、唤起其内心的自豪感和快乐感、普及机采成分血和献髓知识，纠正其对献血方面的错误认识，使其树立定期献血的决心外，还要与其探讨捐血献髓的宣传和对志愿捐献者的招募及保留等方面内容，争取将其招募为志愿无偿献血和从事捐血献髓宣传和对志愿捐献者的招募等志愿服务的志愿者。

图 4－4　固定献血

4. 固定献血

固定献血是指“至少献过三次血，并每年至少献　次血的献血者”。固定献血者被 WHO 誉为安全的献血者，应属定期献血范畴。

5. 定期献血

定期献血是指按自己制定的计划定期献血的献血者。如：我计划每年元旦或每年“五一”、国庆、生日献血一次；我计划每半年献血一次；我计划每年献4次全血；我计划每个月献2次机采血小板，我计划每年献24次机采血小板等。这是一种社会和安全效益双赢的血液来源形式，应在建立固定献血者队伍的基础上，加强服务、保留和召回，建立一支多能的定期志愿无偿献血者队伍。

在无偿献血的成分和内涵比较复杂的情况下，为了避免鱼目混珠，可将非指令指标性志愿无偿献血或无偿志愿献血，称为捐血；将志愿定期无偿献血或志愿无偿献血和固定无偿献血，称为志愿捐血。

五、按献血品种分类

从献血品种角度可分为献全血、献血液成分血两种。

1. 献全血

它包括献血静脉中的全血和骨髓血及脐带血。

（1）献静脉全血　是指献血者将自己静脉血管中流动的血液全部成分不作任何处理，适量的献出。此种献血的特点是：采血针保留在静脉血管中的时间较短，献血便捷。

（2）献骨髓血　献骨髓血亦称献骨髓，简称献髓，是指志愿献髓者为与其HLA配型相合并需要进行骨髓移植的病患捐献骨髓血的一种献血形式。该方法的缺点是需要打麻醉药和刺骨抽取骨髓腔中的血液，操作复杂、恢复慢、民众难以接受，已基本被机采外周血造血干细胞所取代。由于该法深受临床医生欢迎，所以在特殊情况下仍有使用，多见于亲缘捐献中。

（3）献脐带血　献脐带血是指产妇为挽救他人生命，产前承诺分娩后把将随胎盘一同被废弃或做它用的胎盘及脐带中的血液捐献给需要救助者的行为。脐带血资源十分丰富，使用价值很高，应大力开发利用。

图 4－5　献脐带血

2. 捐献血液成分

捐献血液成分（成分献血或献单采成分血）是指献血者根据需要只献自己血液中的某种或某几种成分，而其余暂不需要的成分则还输到献血者体内的献血形式。捐献血液成分分捐献手工分离的血液成分和捐献机器采集的血液成分两种。随着科学技术的发展，手工采集血液成分的方法已逐渐被机器采集血液成分的方法所替代。因此，现代的成分献血已真正成为科学、安全、高效的血液来源形式。捐献机采血液成分是一种最受推崇的血液来源形式。目前，常规开展的机采血液成分有：机采血小板、机采血浆和机采外周血造血干细胞、机采淋巴细胞；机采粒细胞临床争论较多，未常规推广；由于从采得的全血中分离的红细胞基本能够满足需要，所以国内没有开展机采浓缩红细胞。献机采成分血是将一次性全密闭的无菌专用一次性采血和分离收集血液的管道性耗材，装载在具有采集、分离血液和收集血液成分功能的血液成分采集机上，再将连接于耗材上的采血针刺入献血者较粗大的静脉血管中采血，对流入管道耗材的外周血进行分离，从中收集需要的血液成分，然后，将不需要的血液成分还输给献血者的一种献血形式。

（1）献机采浓缩血小板　献机采浓缩血小板（简称献血小板）是利用具有收集血小板功能的血液成分采集机，从献血者的外周血中收集含少量血浆的浓缩血小板混悬液的献血形式。机采血小板一次可献 1 个或 2 个治疗量（俗称单份或双份）浓缩血小板。通常献单份血小板，是指献出一袋约 200 毫升的血小板混悬液，内含 2.5×10^{11} 个血小板（可加一袋约 200 毫升基本不含血细胞的血浆）；献双份血小板，即献出 2 袋各含 2.5×10^{11} 个血小板的浓缩血小板。但是，不论献单份，还是献双份，每次留出的血量“最多不得超过 400 毫升”。

（2）献机采血浆　献机采血浆（亦称：单采血浆，俗称：献浆）是利用具有收集血浆功能的血液成分采集机采集基本不含细胞成分的纯血浆的一种献血形式。目前，中国的单采血浆主要用于生产血浆制品的原料（俗称：原料浆）。现阶段国家允许有偿单采原料血浆，目前原料血浆主要由单采血浆站采集。单采原料血浆属《中华人民共和国血液制品管理条例》管理范围。由于国家允许有偿单采原料血浆，个别供浆者铤而走险、巧立名目、多点登记、频繁供浆，甚至冒名顶替。这样，不但降低了供浆者和血浆及血浆制品的安全系数，也滋生了许多不文明因素，甚至违法事件。国家应尽快制定无偿捐献单采血浆制度，大力推动自愿无偿捐献血浆，建立血浆志愿捐献者队伍，尽快实现医药用血液及血液成分 100% 来自于志愿无偿献血。

（3）献机采外周血造血干细胞　献机采外周血造血干细胞（俗称：献骨髓）是指志愿献髓者或造血干细胞志愿捐献者为与其 HLA 配型相合，并需要进行干细胞移植的病患捐献外周血造血干细胞的一种献血形式。此法与献机采血小板的原理基本相同，只是需给献髓者提前使用动员剂，使其骨髓腔中的造血干细胞大量地释放到外周血中，当外周血中造血干细胞的浓度达到理想指标时，利用具有收集造血干细胞功能的血液成分采集机从志愿献髓者的外周血中收集含有一定量血浆的造血干细胞混悬液，然后，将多余部分的血液还输给献髓者的一种献血形式。该方法的优点是操作简便、安全性强、恢复快、民众易于接受。因此，2001年以来中华骨髓库提倡和推广采外周血造血干细胞的方法。

（4）献机采淋巴细胞　献机采淋巴细胞是指志愿捐献者为特定患者捐献淋巴细胞的一种献血形式。

第二节　现状

1998年10月1日，“国家实行无偿献血制度”取代了“公民义务献血制度”，有偿献血制度被废止。多年的实践告诉我们，指令指标性的献血越做越艰难、不能持久，只能作为过渡或解决阶段性缺血及偏型；由无偿献血志愿者参与推动的非指令指标性志愿无偿献血越做越轻松，是最便捷的血液来源形式和招募模式；是保障用血安全而及时的理想方法。

第三节　发展策略

纵观百年临床输血和献血史，血液来源形式从志愿无偿到有偿，又从有偿到自愿无偿，反复探索实践。笔者对我国开展输血技术以来的血液来源的各种形式进行分类，并对其内涵及意义加以剖析，结合境外和深圳等地在推动志愿无偿献血方面的成功经验，得出的结论是：指令指标性的献血形式只能作为过渡和解决阶段性缺血及偏型，中国输血事业发展的总方向应该是志愿无偿献血。要实现这一目标，就必须加大对血液科学知识、献血常识和与献血相关的政策法规及血液需求状况的宣传力度和广度，提高服务意识，并持续推进。无偿献血宣传和招募不能急功近利，更不能讲排场、搞花样，要统一模式、扎实推进，加强服务、注重远期效果。杜绝献血过程中任何形式的金钱或物质补贴及带薪休假等诱惑。大力推广自体供血，加大志愿定期无偿献血（含血浆）者和无偿献血志愿者队伍和网络建设，充分发挥无偿献血志愿者在无偿献血宣传和对捐献者的招募、保留和召回等志愿服务中可现身说法的身份优势，从而保障无偿献血活动的持续发展。

第五章　献血典范

1. 胡锦涛与无偿献血

胡锦涛同志早在 20 世纪 80 年代初，在贵州省任省委书记时就十分关心和支持无偿献血活动的开展，并率先进行志愿无偿献血。

2. 国家卫生部部长与无偿献血

1984 年，卫生部在大连召开了全国输血工作座谈会，大会在总结开展公民义务献血工作经验的基础上，提出了提倡和鼓励公民无偿献血。为了有效地推动全国开展无偿献血活动，1984 年 11 月 3 日时任卫生部部长陈敏章先生在北京市红十字血液中心率先进行了志愿无偿献血。

为纪念世界献血者日，推动无偿献血活动的发展，2008 年 6 月 14 日，时任卫生部部长陈竺先生到北京市红十字血液中心进行了志愿无偿献血。陈竺部长献血时，对在场的献血者及工作人员说："记得陆道培老师说过一句话：献爱心，构建和谐社会，没有什么比献血更能负有标志性的。因为，我们所说的治病救人，药物是可以生产的，但是血液的整体功能或者说具有整体功能的血液，只有人才是生产者，所以它必须通过捐献才能得到。"随后陈竺先生又多次以亲身献血的方式推动无偿献血工作。

3. 香港特别行政区原行政长官董建华先生无偿献血

香港红十字会在成立五十周年之际推出了"共建关怀社群"活动，为响应和支持红十字会的这一呼吁，原行政长官董建华先生与香港红十字会总监林胡秀霞女士及捐血达150余次的黄永坚先生等社会知名人士一同在香港红十字会总部志愿无偿献血。

4. 中国最早进行志愿无偿献血的将军——冯玉祥

1922年某日，著名爱国将领冯玉祥将军得知一名伤兵因患急性败血症急需输血抢救，冯玉祥首先对医生说：“我是O型血，先抽我的血”，很快冯玉祥将军的300毫升鲜血输到了伤兵的体内。从而，冯玉祥将军也就成了中国最早进行志愿无偿献血的将军。

5. 《献血法》施行后国内年龄最大的志愿无偿献血者——沈祖伦

全国政协常委、浙江省对外友协会长、浙江省原省长沈祖伦先生，69岁仍在志愿无偿献血。2000年8月3日杭州新闻媒体披露因高温炎热，参加献血的公民日趋骤减，库存血液已无法满足临床需求，8月4日下午沈祖伦先生冒着酷暑到血液中心再次无偿献血，而且一献就是400毫升。沈祖伦作为一名国家高级干部，在年龄超过《中华人民共和国献血法》提倡的献血年龄时仍能一次又一次地带头志愿无偿献血，真是令人敬佩。

6. 率先向落后献血制度挑战的人——杨春森

深圳市血液中心原主任、深圳市献血办公室原常务副主任杨春森先生是我国献血与输血战线中一名卓有成就的专家型血站站长，在他的积极倡导和努力下，《深圳经济特区公民无偿献血和血液管理条例》颁布并实施，促使深圳经济特区仅用了五六年的时间就完成了从外地有偿调血90%向无偿志愿献血的过渡。在全国率先实现了百分之百由无偿志愿献血满足医疗临床用血，并率先实施了在再次无偿献血中招募骨髓/外周血造血干细胞志愿捐献者，建立非血缘关系骨髓/外周血造血干细胞移植志愿捐献者资料库的设想，使深圳市中心血站这个仅有“三房一厅”、十几名工作人员的小血站，迅速发展成为占地5400平方米，建筑面积为7000平方米，各层次专业技术人员近90人，仪器设备齐全，接近国际水平的现代化血液中心。

1993年4月，在组织的安排下杨春森先生走出医学检验实验室，出任深圳市血站站长。上任伊始，他所面临的是全国正处于有偿供血和由政府下达指令性义务献血任务的交叉运作阶段，大部分地区都不同程度地存在着血源紧张，供血者重复登记、多点建卡、频繁供血、血液质量低劣、技术落后、安全系数低等问题。当时在深圳血站建档的有深圳户籍的供血者只有一名，特区每年几十吨的临床医疗用血，90%靠从外省买入，开发本地的血液资源无疑成为深圳经济特区输血医学事业发展的当务之急。

正当杨春森站长和他的同事们四处寻求人力、物力、财力及舆论援助的时候，1993年6月，深圳清水河化学品物资仓库的大爆炸，使早已处于缺血状态的深圳市再度出现血液告罄，急救用血只能靠从临近的省血液中心调血应急，但是远水解不了近渴。大爆炸的一声巨响唤醒了特区人对血液重要性的认识，杨春森站长和他的同事们大胆地向市委、市人大和市政府等有关部门呼吁，提出了在特区推行志愿无偿献血的建议，在国家有关部门的指导和帮助下，在深圳市委、市人大、市政府及相关部门的共同努力下，《深圳经济特区公民无偿献血及血液管理条例》于1995年9月15日正式颁布施行，这是全国首部以推行无偿献血为主体的地方性法规。条例的颁布实施，使公民在深圳经济特区无偿献血和无偿献血者及其配偶和直系亲属因临床用血报销有了法律保障。推行无偿用血有了法律保障后，年过半百的杨春森站长和他的同事们一起顶烈日、冒严寒走上街头派发传单，向过往的行人宣传血液生理知识和献血常识，引导新闻媒体大力宣传报道无偿献血活动，杨站长在动员他人参加无偿献血的同时，自己也身体力行，带头进行无偿献血，在短短几年的时间里献全血达13次，累计无偿献血3200毫升。经过几年的艰苦努力，到1998

年10月《中华人民共和国献血法》开始施行之日，深圳市实现了医疗临床用血100%来自于志愿无偿献血的目标，完成了血液获得形式从有偿供血向无偿志愿献血的转移。

杨春森先生凭借对社会负责和敢为人先、执着追求的开拓精神大胆地实践，使外国和中国港台地区用二三十年才完成的从有偿供血向志愿无偿献血的过渡，在深圳只用了五年的时间，他们在推行志愿无偿献血的实践中，再度展示了深圳人的创业精神和工作效率。

7. 著名相声演员姜昆与志愿无偿献血

1984年11月3日，我国著名相声演员姜昆先生在北京红十字血液中心献出200毫升血液。献血后，姜昆坚持不要发给他的营养费。因此，他成为北京市第10位无偿志愿献血者。

8. 著名喜剧、小品演员陈佩斯与志愿无偿献血

1984年11月3日一大早，我国著名喜剧、小品演员陈佩斯就赶到北京市红十字血液中心进行了志愿无偿献血。

9. 获得中国无偿志愿献血金质奖章的美国青年——拉瑞·多乐

拉瑞·多乐是美国得克萨斯州的中学数学教师，1996年，作为支教志愿者的拉瑞·多乐到武汉传授英语，拉瑞在武汉第一次献血，就要求捐血450毫升，而医护人员却只允许他一次捐献200毫升。拉瑞以他自己在美国多年献血的经验和掌握的知识告诉人们："中国将献血间隔定为6个月和多数人每次献200毫升是没有科学道理的。"拉瑞坚持每两个月献一次血。他在武汉工作的两年时间里，共捐血12次，计2400多毫升，因此他获得了中国无偿志愿献血金质奖章［依据1987年颁布的《无偿志愿献血奖励办法》（试行稿）中的奖项］。

10. 20多年无偿志愿献血200多次的医生——李慧文

据不完全统计，截至2011年9月中国大陆无偿志愿献血最多的人是深圳市血液中心的医生李慧文，他从事捐血献髓宣传和招募工作20多年，率先垂范带头捐血，累计无偿志愿献血250多次。其中献全血20000多毫升，捐机采血小板200多袋、捐机采血浆140袋（每袋200毫升左右）。多次获得全国无偿献血最高奖，成为21世纪初中国大陆有据可查的无偿志愿献血最多的人。

11. 中国大陆Rh(D)阴性B型者中第一个捐机采成分血的人——姜学安

在大连市，有一位B型Rh（D）阴性血型全国无偿志愿献血金杯奖获得者，他就是我国著名的临床医疗和输血学专家、国际输血协会会员、中国输血协会原常务理事、全国无偿献血促进委员会原主任委员、大连红十字血液中心原主任、泌尿外科主任医师姜学安先生。不论在部队还是在地方，他几十年如一日，在自己的工作岗位上兢兢业业、一丝不苟地奋发工作。他领导过的医院、援外医疗队及血液中心都被评为全国先进单位。特别是步入输血行业后，他全身心地投入到推动输血、献血事业的发展中，频创佳绩，为推进我国输血事业和无偿志愿献血活动的发展，作出了巨大的贡献。

作为一名医生，姜学安深知优质安全的血液对亟待输血拯救生命的伤病员的重要性，也懂得依据科学适量献血不会损害献血者的身心健康。因此，在任大连红十字血液中心主任和兼任全国无偿献血促进委员会主任委员期间，姜学安不但自己坚持定期无偿献血，而且努力推动大连乃至于全国无偿献血活动的发展，在公民义务献血和无偿献血方面均取得过喜人的成绩。为推广全国公民义务献血和倡导无偿献血活动的发展，中国红十字会等有关部门先后于1986年和1994年在大连市召开了“全国首届公民义务献血经验交流会”和“全国首届无偿献血经验交流会”，介绍和推广了大连市开展公民义务献血和推动无偿献血活动方面的先进经验。在第四届全国无偿献血表彰大会（1995年11月29日在北京人民大会堂召开）上，大连市被授予“全国无偿献血铜质奖先进城市”，姜学安本人也因累计志愿无偿献血超过3400毫升被授予全国无偿献血金杯奖。由于姜学安本人血型是Rh（D）阴性B型，加上他有率国家援外医疗队在阿拉伯国家多年医疗服务工作的经验，所以，他比其他同行更早地认识到建立Rh（D）阴性供血者队伍的重要性。姜学安在他领导的血液中心率先在全国开展了Rh（D）阴性血型的筛检和Rh（D）阴性供血者建档及建队工作，并多次组织跨省区的Rh（D）阴性血液的救援工作，获得了圆满的成功。

1985年，东北齐齐哈尔市一Rh（D）阴性B型产妇产后大出血生命垂危，急需Rh（D）阴性B型血液的求援电话打到大连红十字血液中心，姜学安不但积极组织Rh（D）阴性B型血源，还亲自捐献血液。1992年，唐山市妇幼医院在抢救一位叫王金荣的Rh（D）阴性O型患者时，急需大量Rh（D）阴性O型血液，唐山市政府将求援电话打到了大连市政府，市政府要求血液中心必须在最短的时间内，将唐山病人所需Rh（D）阴性O型血液送至唐山，当唐山军用机场因天气不能起落飞机时，姜学安果断决定用汽车送，亲自与司机一起轮班驾车连夜赶赴唐山送血。清晨，当送血的车辆进入唐山市区时，正值上班高峰，唐山市政府派出警车开道，副市长亲临医院指挥，救命的血液于早晨8∶00及时送达，2000多毫升带着大连市人民友爱的Rh（D）阴性O型血液缓缓输入了患者身体，这位在1976年唐山大地震中被瓦砾压了16个小时的王金荣被充满爱的血液再度救活。

20世纪90年代初，正当各大中城市血站忙于学习和开发血液成分制剂时，姜学安所领导的血液中心成分输血比例已经超过了70%，基本接近了当时世界发达国家和地区的水平，为推动机采成分献血工作的开展，他本人率先捐献机采血小板，从而成为全国Rh（D）阴性B型者中第一个捐献机采血小板者。姜学安在任血液中心领导职务期间，以管理严格有序而著称，因此，这所非省会城市的血液中心首批通过了国家卫生部对血液中心的评审验收。在姜学安同志 62 岁时（1995 年），组织上关心他，为他办好了退休手续。

退休后，他应邀南下深圳经济特区，协助深圳同行开展推动无偿献血工作。当时的深圳还是全国缺血大户之一，临床医疗和抢救用血基本上全靠外来供血者卖血或从外地调运。在这样一个特殊环境下，要想全面取缔（停止）有偿供血，实现以无偿志愿献血者的血液满足临床所需，可想而知是一件何等困难的事。他全力配合深圳市血液中心原主任杨春森先生的工作，与其他同事一道为实现这一目标努力工作，在深圳市委、市人大和市政府等相关部门领导的大力支持下，他到深圳当年的年底全国第一个关于推行志愿无偿献血的地方法规《深圳经济特区公民无偿献血和血液管理条例》就颁布施行了。经过几年坚韧不拔的奋斗，终于使深圳市在 1998 年 10 月实现了临床医疗所需全血 100% 来自无偿志愿献血者。发达国家和地区用二三十年实现的目标，深圳仅用了短短五年就实现了，为我国无偿志愿献血事业的发展走出了一条成功之路。

姜学安本人的血型是 Rh（D）阴性 B 型，这种血型在中国属较少血型。因此，这种血型的血液也是比较难得的。几十年来，每当临床医疗和急救需要这种血型血液或血液成分的时候，姜学安都毫不犹豫地挺身而出，为拯救他人的生命捐献出自己的血液。截至 64 岁他共献血 38 次，累计献血量达7600毫升，相当于他体内总血量的1.5 倍。1995 年 11 月 29 日，在北京人民大会堂，国家领导人为他颁发了全国无偿志愿献血金杯。

姜学安考察过几十个国家和地区，对国内外献血和血液管理的政策法规了解得比较多，他认为一个人只要身体健康，就是超过了法定终止的献血年龄（55 周岁），如果患者急需仍可适量献血。他对科学理论和政策法规是这样理解的，也是这样做的。62岁退休后，在深圳协助同行推动无偿志愿献血活动期间，又先后8次献血救人，成为令人敬佩的楷模。

12. 中国志愿无偿献血最多的记者之一——吴荣华

在众多热心献血活动报道和亲自参加献血的记者中，有一位叫吴荣华的记者。他十几年如一日不但为推动无偿献血鼓与呼，还不断地亲自献血作示范，从而成为全国志愿无偿献血最多的记者。

1995年12月17日吴荣华首次登上采血车采访志愿无偿献血者，之后他不但写出了许多生动感人的新闻和文学报道，而且自己也积极参加志愿无偿献血。截至2008年11月13日，累计献血40多次，其中全血8200毫升，志愿无偿献机采血小板加血浆12次，成为我国志愿无偿献血最多的记者之一。

13. 退休后开始无偿献血并获得无偿志愿献血金杯奖的老太太——陆秀芳、吴桂芳、吴筠

1999年12月24日上午，在北京人民大会堂召开的全国无偿献血表彰大会上有三位年过60，满头银发却红光满面，精神抖擞的老人被授予全国无偿志愿献血金杯。这三位老太太一位叫陆秀芳，另一位叫吴桂芳，她们两位都是韶关钢铁公司的退休女工，还有一位是在广州退休后到韶钢客居的干部吴筠。

1996年初的一天，陆秀芳在帮儿子陈俊整理房间时发现了儿子的《无偿献血证》，上面记着其儿子在不到一年的时间里献血三次，累计1000毫升。儿子回家后，这位热衷于慈善和公益活动的母亲问儿子："献血会不会损害身体?"儿子告诉她："献血不会损害身体，但您已经超过献血年龄了，不能献血了。"从此，陆秀芳开始和同伴讨论献血的事，她说在电视里看到香港献血的人有的看上去比我们还老呢，他们行，我们应该也行。终于有一天她下定决心，联络年龄相近的退休伙伴吴桂芳和吴筠一起登上了无偿献血车，体检合格后献了200毫升血。从此，她们见谁都谈适量献血的好处，还组织周围的人参加志愿无偿献血。她们每隔3个月去献一次血，医生看她们年岁已高，劝她们不要再献血了，后来她们有意避开劝过她们不要捐血的医生志愿无偿献血。人们问她们为何如此“固执”，她们说：“海外很多国家和地区对献血年龄的规定是16～65周岁，我们现在生活水平提高了，医院抢救患者需要用血，我们这些做母亲、做奶奶的带头献点儿血是应该的。我献血前总是感到身上不是这痛，就是那痛，献完血后头不昏了，身上也不痛了，心情越来越好。”几年中陆秀芳、吴桂芳、吴筠不但献全血，还主动要求献机采血小板，很快她们的累计献血量都超过了3400毫升，成为我国第一批退休后开始志愿无偿献血并获得全国无偿志愿献血金杯奖的老太太。

14. 获得全国无偿献血最高奖最多的家庭——陈小青一家

陈小青女士是深圳巴士集团员工。1995年10月7日，她在街头遇到了捐血车，实现了捐血救人的愿望。从此，她开始了定期捐血的历程，截至2011年8月她累计捐血近140次。她在自己坚持定期捐血的同时，还动员自己周围的人参加定期捐血，在她的影响下，丈夫薛家安先生参加了定期捐血，她的独子薛尧18周岁生日那天，也加入了定期志愿捐血者行列，献血及其志愿服务成了她们家最热烈的公益话题。2008年，她们全家同台获得国家“无偿献血奉献奖”金奖。从而，她们家庭不但成为全国首个全家同时获得全国“无偿献血奉献奖”金奖的家庭，也成为我国获得全国无偿献血最高奖最多的家庭。因此，她本人被评为深圳市“文明市民”和深圳市义工服务市长奖；她的家庭也于2007年获得了深圳市十大“最具爱心家庭”荣誉称号。

15. 志愿定期无偿献血止于66岁的志愿者——吴开风老师

吴开风先生是深圳市南头中学的退休教师，51周岁将全开始志愿定期捐血，至66周岁累计捐血90多次，多次获得全国无偿献血最高奖。在65周岁生日即将到来之际，他无奈地问道：“难道定期捐血到65岁，就真的必须终止吗?”

1995年10月8日，他和同为南头中学老师的老伴，陪女儿吴征到捐血车捐血时，得知自己还没有超过规定的初次捐血年龄，就高高兴兴地和女儿一起捐了血。从此，每到符合捐血条件时，他都会默默地到捐血车上捐血。2000年初，他听说除了捐全血以外，还有一种成分献血，叫献机采血小板，而深圳当时医疗临床所需的机采血小板主要是靠有偿供血者提供。他想捐机采血小板究竟有什么难的，为什么大家都不愿意捐，要靠有偿供血者卖血解决，我去试一试。此后，每隔一个月他就会挤出时间往返40多公里跑一次深圳市血液中心捐献机采血小板，一跑就是10年。2009年10月21日，在他65岁生日即将到来之际的捐血中，医生跟他说：“吴老师，再过几天您就满65周岁了，以后您只能做无偿献血志愿服务，宣传无偿献血和动员别人献血，您自己不要再献血了。”听了这些话后，吴老师很无奈，也很郁闷。他说：“难道志愿定期无偿献血到65岁，就真得必须终止吗？我的身体还很好啊”。

第六章　海外及中国港、澳、台地区无偿献血见闻

世界上很多国家和地区的临床用血全部都来自于志愿无偿献血。如美国、澳大利亚、日本、瑞士、加拿大、苏联、德国、新加坡及中国的香港、台湾、澳门地区；也有经济欠发达的国家，如阿尔及利亚、坦桑尼亚、索马里、马达加斯加、尼日尔、泰国、尼泊尔、缅甸等国。其中，瑞士每年参加献血的人数最多，年献血人次约占全国总人口的10%；美国年献血人次约占全国总人口的8%；日本年献血人次约占全国总人口的7%；我国台湾地区2008年献血人次为岛内人口总数的8%～10%。据世界卫生组织统计，一个国家年献血人次占全国人口总数的4%，即能满足该国临床用血的需要。

国际献血者联合会（IFBD）

1951年，在葡萄牙首都里斯本召开的国际输血会议上，Formentano教授提出成立联合献血者的世界性组织的设想。1955年12月，各国在卢森堡签署了国际献血者联合会组织条例。国际献血者联合会（IFBD）信守的基本原则是：人体血液不应视为一种商品，不遵循一般的经济法则。旗帜鲜明地主张献血应该仅仅是一种行善活动。IFBD每三年召开一次会议，轮流在不同的国家召开。随后许多国家在本国也成立了献血协会，讨论如何推进全世界及本国的志愿无偿献血活动。

中国香港

香港的无偿献血是从1952年开始的，当年只有400人次参加无偿献血，其中，华人只有两名。在后来的十几年中，每年也仅有一千多人献血，而且大部分为在港的西方人士。

图6-1　中国香港

从1974年开始，香港政府全资支持香港红十字会发展输血事业，并投巨资兴建香港红十字输血服务中心总部及捐血站点。香港特别注重把献血知识传授给学生，设专人负责学校的献血教育。到20世纪末，华人已成为香港无偿献血的主流。现在无偿献血已成为许多港人休闲活动的一部分。目前香港的志愿无偿献血不但能够满足医疗临床用血需求，而且还计划逐步以无偿志愿献血者提供的血液，作为香港所需血液制品的生产原料。

中国澳门

在澳门建立捐血中心之前，临床用血主要靠从内地输送。

1988年初，澳门政府设立了澳门捐血中心，统一负责管理血液的采集和供应，并大力鼓动民众参与捐血。澳门捐血中心对捐血者的接待和服务热情周到，一旦捐血者的血液检验结果出现异常，捐血中心会通知本人到捐血中心作进一步的检查，并给予保健及治疗的指导。澳门规定：无论男女，凡年龄在17～65岁之间，健康状况良好者都可以参与捐血，男性可每隔3个月捐全血一次，女性可每隔4个月捐全血一次。

中国台湾

2008年，无偿捐血的人数已接近台湾地区总人口的10%，不仅临床所需的血液、血液成分和骨髓血及外周血造血干细胞均完全来自于无偿志愿献血，就连临床所需血液制品的生产用血浆原料，也完全由志愿无偿献血者的血液或血浆提供。

台湾《热血》杂志，除报道医学常识、捐血活动外，还设有医师专栏，解答民众提出的问题。目前《热血》每期的发行量为几十万份。台湾各捐血中心将在该中心捐血达50次的无偿捐血者的名字刻在捐血中心。台湾捐血基金会和所属各捐血中心每年四五月间举行一次公开集会，表彰捐血成绩优异的团体及个人。

台湾有关献血的规定：年龄17～65岁，身体健康，女性体重45千克以上，男性体重50千克以上。

每次捐血250毫升，两次捐血间隔2个月以上；体重60千克以上者，每次可捐血500毫升，两次捐血间隔3个月以上。全年捐全血总量：男性在1500毫升以内，女性在1000毫升以内。成分献血两次间隔时间应在1周以上。每次所捐血浆量为500毫升，每次捐献血小板加血浆的总量不得超过500毫升；全年捐血浆和血小板不得超过24次，总量以12000毫升为限。

美国

美国是世界上最早开展无偿献血的国家之一。美国的献血工作，红十字会只负责一部分。

美国红十字会对多次志愿无偿献血者给予不同的奖励，如累计志愿无偿献血达到5加仑（约为22730毫升，约24千克）以上者，授予无偿献血铜质奖章；累计无偿献血10加仑（约为45460毫升，48千克）以上者，授予无偿献血银质奖章；累计无偿献血20加仑（约为90920毫升，约为96千克）以上者，授予无偿献血金质奖章。

个人血库首先从美国兴起。所谓个人血库，是公民到血液中心抽取并储存自己的血液或血液成分，当需要输血时，再从血液中心取出供自体输用。个人可以在以下三种情况下储备血液：①健康时；②准备进行手术时；③回收式自身输血，就是医生在手术时，将从患者身上流出的血液回收起来，在手术中或手术后自体输用。

建立个人血库，将储备的血液还输给自己，不但不会引起免疫排斥反应，还可以防止经输血传播疾病的发生。对于稀有血型的人来说，个人血库储血在紧急情况下尤为奏效。

在美国的献血者中，比例最高的是受过高等教育、收入超过社会平均水平、年龄在30~50岁的白种男子。受血者中3/4的人是65岁以上的老人。

捷克斯洛伐克

捷克斯洛伐克无偿献血始于20世纪60年代，在社会各界的支持下发展很快。捷克斯洛伐克一些采血机构为了吸引献血者设置了许多别开生面的鼓励和奖励，如男士献血后可得到当地最知名的啤酒半升，女士可以得到一束鲜花等。

日本

日本的无偿献血始于20世纪60年代，70年代末开始推动400毫升和成分血的无偿献血。

日本曾发生过三次对输血事业进步影响较大的输血事故

第一次是1948年，在东京大学附属医院的一位患者因输血感染上了梅毒，在社会上引起轩然大波，人们开始重视输血安全问题。

第二次是1964年，美国驻日本大使莱·夏华因遭暴徒袭击住院，输血后感染上了传染性肝炎，在日本朝野和国民中引起了强烈的反响，于是开始全面推行志愿无偿献血。

第三次是1988年，一位患者因输血感染上艾滋病。

这三次事故促使日本政府禁止买卖血液，大力提倡无偿献血，并制定和强化了一系列提高血液质量的措施。

日本政府曾规定符合献血条件的厚生省大臣及各都、道、府、县官员每年都要献血一次，超过年龄和因病不能献血的，要主动安排休息日到血液中心当一天负责人或组织一次献血。各宣传机构领导每年要献血一次或当一天献血组织者。并规定凡年满20岁的男女青年在成人纪念日时集体献血一次；高中、大学颁发毕业文凭时，参加工作或司机在领取汽车驾驶执照时都要献血一次；"五一"劳动节工会要组织集体献血一次；妻子生孩子，丈夫要献血一次等。政府还注重培养学生热爱社会、捐血救人和奉献爱心的意识。日本所有的红十字血液中心不但欢迎学校的老师带领学生、公司社长（经理）带领自己的雇员及社会各界人士到血液中心参观，还欢迎那些过往的行人及家长带孩子入室休息、阅览、饮茶和观赏，经过整整十年的努力，终于从卖血过渡到了志愿无偿献血，随后又用了近十年的时间，发起了推行400毫升无偿志愿献血和成分献血运动。

现在在日本，400毫升献血和成分献血及捐献骨髓十分普遍。许多年满16周岁的青年，在16岁生日时结伴献血，以得到象征成熟与健康的《无偿献血证》。

日本国家的表彰项目有：无偿献血10次以上者，授予无偿献血银质功劳奖；无偿献血20次以上者，授予无偿献血金质功劳奖。

无偿献血30次以上者，授予无偿献血银质有功奖；无偿献血50次以上者，授予无偿献血金质有功奖。

日本的献血标准：16～64周岁；男性体重≥45千克，女性体重≥40千克；献全血每次为200～400毫升，18周岁以下的每次只能献全血200毫升，体重>50千克者可献全血400毫升。

献全血200毫升间隔4周，男性1年最多6次，女性1年最多4次；献全血400毫升，男性间隔12周，1年最多3次，女性间隔16周，1年最多2次。一年献全血总量为：男性1200毫升以内，女性800毫升以内。

献血浆时，每献300～600毫升血浆间隔2周，1年最多可献24次。献血小板间隔1周以上，如果4周内献4次，以后4周内不得再献血小板。1年最多献血小板24次。

澳大利亚

澳大利亚全国已形成无偿献血机制，公民献血和用血都是免费的。人们把献血看成是一种光荣的义务，不少州的州长和议员都长期无偿献血。献血宣传教育是从幼儿园开始的，父母献血时把孩子带去，让孩子在一旁观看，在中小学还设有献血知识课。军队是澳大利亚红十字会血液事业最坚定的支持者之一。无偿志愿献血人群中军人占相当比例。

澳大利亚许多州的红十字会和血液中心每年都要表彰那些累计献血100次、120次和150次的无偿献血者。

韩国

韩国汉城在繁华市区开设了十几家“献血者之家”，装饰考究，有咖啡厅的宁静优雅气氛，还为年轻人献血提供了休息室和情侣椅，使年轻人、恋人既可以献血又可以谈情说爱，深受年轻人的欢迎。

芬兰

芬兰全国每年举行一个“玫瑰周”捐血活动，在“玫瑰周”中，红十字血液中心向每一位无偿志愿献血者献上一支玫瑰花。

缅甸

无偿献血在缅甸十分普遍，缅甸政府将1962年12月14日成立缅甸中央国民献血委员会的这一天定为全国的“献血节”，对无偿献血满50次者授予无偿献血金质奖章一枚。

马来西亚

马来西亚各级政府十分重视无偿志愿献血工作，每年都举办无偿志愿献血活动，并提出“献我一袋血，救人一条命”的宣传口号。企业和慈善机构经常给予献血机构资助，出租汽车常免费接送无偿献血者。

法国

1952年，法国开始实行无偿献血制度。法国的输血费用特别昂贵，但由于法国在献血、捐献器官等方面有严格的法律规定，因此，在法国不存在买卖血液的情况。

泰国

泰国许多城市的百货商店都有一面印有“献血拯救生命”宣传标语和献血中心地址、电话号码等，另一面印有一个大红十字和通过图案向下落的三滴血的普通纸袋供顾客使用。泰国红十字会通过此种方式推动献血工作，深受民众的欢迎。

印度

印度古吉特邦阿姆达巴德市举办的“献血婚礼”，新郎、新娘的家人在组织者及血液中心的礼仪小姐的帮助下，填表献血，这种活动受到各界的普遍关注和好评。

瑞士

瑞士人时兴下雨天去捐血。下雨天有很多事情不方便做，即使是在做也很难提起精神。因此同事和朋友们就结伴去献血，而回报只是一杯咖啡和一块蛋糕或一块糖果。无偿献血在瑞士十分普遍，早在20世纪末无偿献血人数占全国人口之比就达到了10%的世界最高水平，血液和血液制品供应完全自给自足。

奥地利

奥地利的献血年龄为18~65岁，献血者中18~35岁的人最多。

奥地利红十字会非常重视对献血的宣传、动员工作，每一位献血者来到血液中心或采血车上都有一位和蔼可亲的工作人员上前迎接，指导其登记基本情况，回答各种问题。献血次数多的人还被授予勋章、颁发荣誉证书及赠送纪念品。献血超过100次者红十字会将邀请其出席红十字会举办的大型招待会。

匈牙利

匈牙利的无偿献血工作是从1964年开始的，到20世纪末献血人数就已超过全国人口的6%。匈牙利红十字会经常组织那些因为输血而得到康复的患者与献血者们见面，共同推进无偿献血活动。红十字会和血液中心还负责为患者给献血者传递感谢信，组织青少年为献血者献花，在献血者生日时为献血者寄上生日贺卡，请献血者看电影、听音乐会，举办新年宴会、小型联欢会等活动。

土耳其

土耳其是一个信奉伊斯兰教的国家，该国的献血工作由红新月会负责组织，上至政府高级官员，下至一般平民百姓，都把献血看成是神圣的人道主义义务。

德国

德国的一句口号是："今天你是献血者，明天你可能就是受血者。"在德国一旦需要输血，携带无偿献血证到医院可以得到优先用血等特殊待遇。

约旦

约旦政府明文规定禁止血液买卖。1957 年，约旦在首都安曼建立了中央血库。这座血库规定任何人只要因伤病需要输血，都可以免费获得血液或血液的某种成分，但受血者在身体康复后必须前来献血，如果本人因故不能参加献血，可由亲友代替献血。约旦政府每半年都会组织一次全国性的献血活动。

西班牙

西班牙南部一个叫卡斯塔利的小城为献血者建立了一座三米多高的纪念碑，碑的一面刻的是“你将因他们的崇高行为而认识他们”，另一面的十字下有一个心脏图形的饰板，其下为两只组成爱心的手收集落下的血滴，以此告诉人们珍惜血液，爱护生命。

印度尼西亚

印度尼西亚首都雅加达的居民喜欢穿印有“石油易觅血难得”的 T 恤衫，喻义是血液比石油珍贵，无偿献血者是最伟大、最令人尊敬的人。

波兰

波兰红十字会专门为小学生印制了一套精美的彩色宣传画，主人公是一群有手、有脚、活泼可爱的小血滴，血滴的头部是波兰红十字会会徽。这些小血滴不但能吸引小学生的注意，还深得小学生们的喜爱。使学生们从小就接受无偿献血的观念和相关的科学知识。

埃塞俄比亚

埃塞俄比亚红十字会的血液中心编写了两种版本的无偿献血手册。一本是《感谢您》，对象是初次参加献血的公民，讲述献血前后应注意的事项、血液知识和献血无损健康的科学道理，告诉献血者献出的血液的用途，鼓励其再次参加无偿献血。手册中注明红十字会及血液中心的地址和电话，代表红十字会对无偿献血者表示深深的谢意。另一本手册的对象是经常参加献血的无偿献血者和组织者，书中着重介绍红十字会和血液中心的工作目标和职能，详细地讲述献血者普遍关心或可能提出的较高层次的问题。这两种宣传手册对推动无偿献血活动的发展，起到了很大的推动作用。

瑞士

瑞士正努力实现输血“零风险”。瑞士不但在采血前对献血者进行血液传播疾病项目的检测，还利用全自动安全血液筛选系统与半自动及手工方法相对比把献血者血液检测的假阴性率降至最低。

加拿大

加拿大从20世纪末开始对所有献血者献的血液进行过滤。

由于白细胞会侵犯受血者的免疫系统，使受血者出现发烧和病毒感染等现象，而且疯牛病的病毒也藏身于感染疯牛病等患者血液中的白细胞内。在血液离体8小时内滤出血液中的白细胞，可大大地减少输血后各种感染现象的发生。

世界各地志愿无偿献血者典范展示

德国

创全德国献血最高纪录的是工程师弗雷德·洛泽。弗雷德是洛泽的农业工程师，在52岁时在波茨坦完成了他的第500次无偿献血，从而创下全德国献血最高纪录。

芬兰

在芬兰志愿无偿献血达500次的老人并不罕见。不久前，在芬兰首都赫尔辛基的基维哈献血中心，有一位叫马蒂·哈尔维卡的65岁老人，献出480毫升全血，工作人员将一束鲜红的玫瑰花献给了他，这是芬兰第八位累计志愿献血500次的公民。这位老人认为，生命在于运动，保持身体健康的关键是坚持锻炼身体。在饮食上，他没有禁忌，想吃什么就吃什么。长年的锻炼和有规律的生活使他的身体一直非常好。

沙特

沙特的穆罕默德·欧比特先生在60岁时，创下献血210次的纪录。

捷克

捷克57岁的林业工人米古拉·罗西奇，在36年的时间里累计无偿献血166次。成为捷克历史上献血最多的人。捷克红十字会为他颁发了“一级红十字金质奖章”和证书。

日本

日本北海道的冈本光夫先生在他57岁（1990年7月）的时候，累计献血530次，成为当时全日本无偿献血最多的人。

法国

法国的约瑟夫·麦勒马勒，在47年中共计无偿献血646次，总量为20多万毫升，成为当时法国献血最多的人。

哈萨克斯坦

哈萨克斯坦有一位名叫亚历山大·尼古拉耶维奇·斯卡科夫斯基的中年男子，他近30年的时间里共无偿献血332次，累计献血180升，相当于本人体重的3倍，相当于将其全身的血液换了36次。不久前，他的献血记录被载入吉尼斯世界纪录大全。

美国

美国献血最多的人是艾伦·道斯特。艾伦·道斯特是美国纽约的一位私人美容师，她在20年的时间里共志愿无偿献血70688毫升，因此，她成为美国的志愿无偿献血冠军，也是吉尼斯世界献血纪录的创造者。

中国台湾

台湾1989年10月统计出的志愿无偿献血最多的人是张国森，他共献血143次。估计无偿献血总量约3.5万多毫升。

英格兰

英格兰有一位被誉为一生中拯救生命最多的献血者，叫德兰。德兰的血液中有一种极为少见的抗体，叫 ANTI－D，德兰的血液可以挽救那些发生 Rh 免疫反应的婴儿的生命。因此，德兰每隔 13 周就去捐一次血，在 18 年中德兰的血挽救了5020个小生命，成为世界上拯救生命最多的献血者。

世界各国领导人无偿献血展示

全世界志愿献血最多的元首是菲律宾前总统拉莫斯。1997 年 3 月，拉莫斯再一次献血 250 毫升，以此庆祝他 69 岁的生日。这是他第 41 次志愿无偿献血，累计献血量达10960毫升，成为全世界献血次数最多、献血量最多、献血年龄最大的国家领导人。

美国前总统卡特 60 岁时候不但带头献血，还发表电视讲话，谈他自己献血后的感受及参加无偿献血的意义。

美国前总统里根在符合献血条件时期，平均每年献血 800～1000毫升。

1989 年，孟加拉国发生了一次重大的火车相撞事故，死亡 100 多人，伤1000余人。急救用血出现紧缺，红十字会立即向社会发出献血的呼吁，时任孟加拉总统的艾尔沙德和政府许多官员都响应红十字会的号召，到血液中心无偿献血。在艾尔沙德总统和众多政府官员的带动下，孟加拉国成千上万名学生、工人和市民都前往血液中心参加无偿献血，使抢救工作得以顺利进行。

尼泊尔国王马亨德拉从 1964 年就开始无偿献血，到 1981 年已献血 6 次。

坎帕首相、比斯塔首相也都曾多次带头参加无偿献血。尼泊尔王国在 1982 年实行了无偿献血制度。

约旦王国 1957 年在首都安曼建立了中央血库，在该血库第一个进行无偿献血的是国王侯赛因。

塞内加尔共和国总统迪乌夫不但多次亲自过问本国的无偿献血工作，还在 1990 年 1 月举行的全国范围的献血活动中，偕夫人伊丽莎白率先无偿献血。

1998 年 7 月 30 日，伊朗总统哈塔米在德黑兰身着便装，走上街头参加无偿献血。

邮票与献血

至 20 世纪末，全世界发行的有关献血的邮票有数百种之多。最早的有关献血的邮票是 1942 年匈牙利红十字会与邮政部门联合设计发行的。

1974 年国际红十字组织举办了以“献血挽救生命”为主题的邮票设计展，许多国家的红十字会与红新月会通过邮票敦促世界各国人民积极参加志愿无偿献血活动，履行自己的社会责任。

自身输血在国外

自身输血技术在世界许多国家和地区已经得到了广泛的应用。到 20 世纪末，德国术前存血率已达 89%；澳大利亚择期手术患者约有 60% 先存血再手术；在日本，术前自己存血 800 ~ 1200毫升的病例占 80% ~90%。

有关献血年龄的规定

世界卫生组织（WHO）规定的献血年龄为 18 ~65 周岁；美国规定为 17 ~65 周岁；日本规定为 16 ~64 周岁；中国内地法律倡导的无偿献血年龄为 18 ~55 周岁；中国台湾地区规定为 17 ~65 周岁；中国香港特别行政区规定为 16 ~65 周岁。

部分国家和地区对每次献血数量的规定

德国	500 毫升
荷兰	450 毫升
加拿大	450 毫升
瑞士	450 毫升
中国澳门	400 毫升
缅甸	350 毫升

泰国	300 毫升
英国	450 毫升
瑞典	450 毫升
澳大利亚	430 毫升
越南	400 毫升
韩国	320 毫升
中国	200~400 毫升
南斯拉夫	250~450 毫升
马来西亚	300~450 毫升
芬兰	400~450 毫升
美国	450 毫升
日本	200~400 毫升
中国香港	250~450 毫升
中国台湾	250~500 毫升
法国	400~500 毫升
阿尔及利亚	500 毫升
比利时	385 毫升
菲律宾	250 毫升

欧美国家规定的每次献血数量略高于亚洲的标准，这主要是因为欧洲人的身材和体重都高于亚洲人。在间隔 3 个月以上的情况下，每次献血的数量占全身血液总量的 10% 以内（每千克体重献血≤8 毫升）。如果间隔 1 个月以上，每次失血量不超过全身血液总量的 12%（每千克体重献血量 10 毫升），就不会危及生命。

第七章 与献血和输血相关的法律及规章

一、《中华人民共和国献血法》及其释义摘要（编者注：请注意查阅现行版本。）

第一条 为保证医疗临床用血需要和安全，保障用血者和献血者身体健康，发扬人道主义精神，促进社会主义物质文明和精神文明建设，制定本法。

【释义】 本条是关于献血法立法目的的规定。

本法的立法目的主要表现在以下三个方面：

（一）保证临床用血需要和安全

血液具有重要的生理意义，医疗临床用血在临床治疗、在战备中都起着重要作用。现阶段人造血液不能广泛应用，且价格昂贵，还不能取代血液，因此，医疗临床用血只能靠公民献血来解决。由于个体供血者的血液质量不高，容易引起经血液途径传播疾病的蔓延，影响医疗临床用血的安全。所以，通过立法确立无偿献血制度，促进无偿献血事业的发展，保证医疗临床用血的需要和安全是我国血液事业的当务之急。

（二）保障献血者和用血者的身体健康

输血是现代医疗的重要手段，是人类认识自己、征服伤病的伟大发现，它在临床医学领域中有着拯救生命、治疗疾病的重要作用。但是，血液是一种复杂的维持生命的物质，血液在采集、储存、使用过程中，必须确保质量，避免污染，防止经血液传播疾病。虽然为保障输血安全，我国对血液的采集、检验、监控、储存和运输都有着严格的规定，但是，根据现在的检测手段，漏检现象很难避免，一些经血液途径传播的疾病时有发生。因此，保证血液质量是保证输血安全，保障用血者身体健康的前提。但是，由于我国的无偿献血制度还没有建立起来，医疗临床用血还有相当一部分靠个体供血，一些个体供血者在经济利益的驱动下，频繁供血，造成血液质量下降。同时，有的不法分子组织卖血队伍甚至强迫他人卖血，从中牟取暴利。有的医疗机构擅自自采自供，甚至不顾供血者的健康，允许供血者违章重复登记、频繁抽血，严重破坏了血液工作的管理，影响了供血者的身体健康，也为血源性疾病的传播提供了温床。因此，只有依法实行公民无偿献血制度，禁止血液买卖，才是杜绝经血液途径传播疾病的隐患，保证医疗临床用血安全的根本途径。为了确保血液质量，保证献血者和用血者的身体健康，本法对输血工作的各个环节规定了严格的管理措施。

（三）促进社会主义物质文明和精神文明建设

实行无偿献血制度，不仅保障医疗临床用血的需要，保证输血安全，达到治病救人的目的，它还是一种“我为人人，人人为我”的社会共济行为，是一种无私的奉献，是人道主义精神的重要体现。无偿献血事业的发展程度，是社会文明程度的标志之一。当前，世界很多国家已经做到临床用血全部来自无偿献血。我国的无偿献血工作还很落后，1992 年在菲律宾首都马尼拉召开的西太平洋地区输血工作会议上，与会的 17 个国家和地区中，我国还排在后边。这与我们建设高度文明的社会主义国家的方针很不相称。实行无偿献血制度，有助于弘扬中华民族团结、友爱、互助的传统美德，是建设社会主义精神文明的具体表现。因此，献血法规定国家实行无偿献血制度，也是促进精神文明建设的一项具体措施，每个公民都应积极参与。

第二条　国家实行无偿献血制度。

【释义】　本条是关于确立无偿献血制度和无偿献血主体的规定。

（一）关于无偿献血制度

多年来，我国存在着三种献血形式：个体供血、公民义务献血、无偿献血。无偿献血是指公民向血站自愿、无报酬地提供自身血液的行为。1984 年，卫生部和中国红十字会总会在全国提倡无偿献血，深圳市、海南省已率先通过地方立法确立了无偿献血制度。无偿献血是体现社会文明进步的一项制度。但是，由于观念的影响，无偿献血的良好氛围在我国还没有普遍形成，医疗临床用血还主要靠个体供血和公民义务献血。国家通过立法确立实行无偿献血制度，推动我国无偿献血工作的开展，是十分必要的。但是，大部分人认为，无偿献血是一个必然趋势，是我国输血事业发展的总方向。通过立法规范献血活动，保障献血者的合法权益，使无偿献血工作走上法制化的轨道，对促进无偿献血工作十分重要。只要有各级政府和社会各界的大力宣传，无偿献血工作必将作为一项制度在我国开展起来。

（二）关于无偿献血主体

关于无偿献血主体，世界各国规定不一致。我国各省、市的规定也有一些差异……本法提倡 18 周岁至 55 周岁的健康公民献血，是根据我国公民的身体素质和满足用血的需要等因素来确立的。18 周岁是我国法定的完全行为能力人来决定，本法规定 18 周岁为无偿献血的最低年龄，与我国其他法律规定一致，关于无偿献血的终止年龄……考虑到我国公民的身体状况和各地的作法，法律规定 55 周岁为无偿献血的终止年龄。但法律规定的终止献血年龄，只是法律的一般规定，并不是超过终止年龄的不允许献血。

二、《中华人民共和国血液制品管理条例》及其释义（编者注：请注意查阅最新版本。）

三、与献血和输血有关的刑法条款（编者注：请注意查阅最新版本。）

《中华人民共和国刑法》

(1979 年 7 月 1 日　第五届全国人民代表大会第二次会议通过，1997 年 3 月 14 日　第八届全国人民代表大会第五次会议修订)

第三百三十三条　非法组织他人出卖血液的，处五年以下有期徒刑，并处罚金；以暴力、威胁方法强迫他人出卖血液的，处五年以上十年以下有期徒刑，并处罚金。

有前款行为，对他人造成伤害的，依照本法第二百三十四条的规定定罪处罚。

第三百三十四条　非法采集、供应血液或者制作、供应血液制品，不符合国家的标准，足以危害人体健康的，处五年以下有期徒刑或拘役，并处罚金；对人体健康造成危害的，处五年以上十年以下有期徒刑，并处罚金；造成特别严重后果的，处十年以上有期徒刑或者无期徒刑，并处罚金或者没收财产。

经国家主管部门批准采集、供应血液或者制作、供应血液制品的部门，不依照规定进行检测或者违背其操作规定，造成危害他人身体健康后果的，对单位判处罚金，并对其直接负责的主管人员和其他直接责任人员，处五年以下有期徒刑或者拘役。

四、国际《献血与输血的道德规范》①

设立此道德规范的目的是为了明确在输血这一领域中所必须遵守的原则和规定，并以此作为国家立法或制定相关规则的依据。

第一部分　献血者

1. 在任何情况下，献血都必须是自愿的，不应给予献血者任何形式的压力。

2. 应通知献血者献血可能引发的危险，时刻关心献血者的安全和健康。

3. 经济利益绝不应成为献血者或负责采血人员所追求的目的，应鼓励自愿无偿献血。

4. 除特殊原因外，献血者与受血者之间的匿名关系应受到尊重，双方均无须了解对方姓名。

5. 献血不应受到任何歧视，不论是来自种族的还是国籍或宗教的歧视。

6. 采血应由专业医师负责组织进行。

7. 应明确规定献血间隔日期、因性别和体重而异的采血量以及献血者的年龄限制。

8. 每名献血者以及所献血液都应受到相应的检查，以查明任何不正常的情况：

（1）可能引起献血者危险；

（2）可能对受血者造成伤害。

9. 单采血浆应另有特别规定以确定：

（1）应对献血者作附加检查；

（2）每一次单采血浆的最高采量；

（3）两次采血之间的最短间隔时间；

---

① 此规范由红十字与红新月会国际联合会第24届国际大会制定。

(4) 一年中单采血浆的最高采量。

10. 通过细胞分离机采集血小板或白细胞应有特别规定以明确：

(1) 应向献血者说明所注射药物及可能引发危险的情况；

(2) 应对献血者作附加检查的情况；

(3) 在一个指定期限内的采集次数。

11. 为获得具有专门诊断和治疗功效的血液成分，通过外界抗原调查献血者的免疫情况应有特别规定以明确：

(1) 应向献血者说明所注射药物及可能引发危险的情况；

(2) 献血者须作附加检查的情况。

12. 应有适当的保险措施以保护献血者因捐献血液、血浆和细胞而引起的危险和免疫方面的危险。

注意：上述第9、第10和第11条中规定的特别条款旨在保护献血者的安全。在被告知献血的程序及可能的危险后，献血者应在认知单上签字。对红细胞抗原有相应免疫抗体的献血者，应有特殊卡注明抗体性质及情况，以便日后需要输血时输入适应的血液。

第二部分 受血者

13. 输血的目的是保证受血者得到最安全和有效的治疗方法。

14. 在输入血液或血制品之前，应由医生签发或派发书面报告。报告中应标明受血者的身份，输入物质的种类和数量。

15. 除了紧急使用O型血或O型红细胞外，每次红细胞输血前均必须对受血者做血型检查，并对献血者和受血者的血液做相互配合试验（交叉配血）。

16. 接受输血前，有关人员应核对血液或血制品是否准确无误及是否仍在有效期内，并对受血者的情况进行核对。

17. 实际输血操作应在医生监督下进行。

18. 如果在输血中或输血后发生反应，应进行调查以确定引起反应的原因并避免其再次发生。输血中发生反应，有时需要立即中止输血。

19. 只有治疗确实需要时才进行输血或输入血制品。医生和医疗机构均不得以谋利为目的给患者输血。

20. 只要有血源保证，一切患者，不论其经济状况如何，都有权受益于输血和使用血制品。

21. 应尽可能只给患者输入那些患者所需的特殊血液成分（如细胞、血浆或血浆衍生物）。给仅需要某种血液成分的患者输全血就意味着剥夺其他需要成分输血的患者的权利，并可能给受血者带来不必要的危害。

22. 由于血液只能产生于人类身体自身，可供数量又有限，保护献血者和受血者的利益，避免滥用或浪费血液是非常重要的。

23. 为了更有效地使用血液和血制品，临床医生和输血中心的医生之间应该经常互相联系。

第三部分　管　理

24. 卫生部门应加强有效管理以便审查实际输血工作是否符合国际上所接受的标准，以及依照本规范制定的相关规则是否得到执行。

25. 应定期检查下列各项：

（1）工作人员的专业水平；

（2）相关设备及场所环境是否适当；

（3）手段方法、试剂、原料及成品的质量是否达到标准。

编者注：该规范是红十字与红新月会国际联合会，根据红十字组织从第一次世界大战时就开始积极参与输血献血工作，并且在第二次世界大战期间已发展到相当规模的基础，又在全世界范围内更加迅速而广泛的发展输血献血事业。从而形成了当时在全世界每年所采集的血液中，由红十字会直接负责动员的血源占近二分之一，由红十字会直接采集的血液占三分之一这一客观实际，结合国际红十字组织始终提倡无偿献血，维护献血者和受血者的安全、健康和权益，让所有的人在需要的时候，都能平等和公平地得到这一仅能从人类本身获取的宝贵资源的红十字血液工作的目标和原则，以及世界卫生组织和国际输血协会的有关决议、规定等，于1981年在菲律宾首都马尼拉召开第24届红十字与红新月会国际大会的时候，制定并通过的（《献血与输血的道德规范》）。

本次国际大会还为此通过一项决议，敦促各国红十字会与所在国的政府卫生部门联系执行和落实《献血与输血的道德规范》的后续工作。

五、全国无偿献血表彰奖励办法（2014年修订）

第一章　总则

第一条　为发扬人道主义精神，推动我国无偿献血事业的进一步发展，根据《中华人民共和国献血法》（以下简称《献血法》）有关条款，制定本办法。

第二条　无偿献血表彰奖励是指对无偿献血事业作出显著成绩和贡献的个人、集体、省（市）和部队，依据本规定给予的奖励。

第三条　无偿献血表彰奖励坚持公开、公平、公正的原则，以精神奖励为主，按照规定的奖项、标准、权限和程序进行。

第四条　国家级表彰活动每两年举行一次。

第二章　表彰奖项及获奖标准

第五条　无偿献血表彰奖项分为“无偿献血奉献奖”“无偿献血促进奖”“无偿献血志愿服务奖”“无偿献血先进省（市）奖”“无偿献血先进部队奖”和“无偿捐献造血干细胞奖”。

第六条　无偿献血奉献奖，用以奖励多次自愿无偿献血者。其奖项和获奖标准为：

（一）铜奖，自愿无偿献血达20次以上的献血者；

（二）银奖，自愿无偿献血达30次以上的献血者；

（三）金奖，自愿无偿献血达40次以上的献血者。

第七条　无偿献血促进奖，用以奖励为无偿献血事业作出贡献的单位和个人。其奖项和获奖基本标准为：

（一）单位奖，需符合以下基本条件：两年内参加自愿无偿献血累计达到200人次以上，且该累计献血人次数不小于本单位在职员工总数50%的单位；或者两年内参加自愿无偿献血累计达到1000人次以上的单位。

（二）个人奖，需符合以下基本条件：长年支持无偿献血工作，在组织自愿无偿献血、保障血液供应等方面作出重要贡献的个人。

（三）特别奖，需符合以下基本条件：长年为普及无偿献血知识，弘扬无偿献血人道主义精神，营造无偿献血良好社会氛围，推动我国无偿献血事业作出突出贡献的单位和个人；或者捐赠人民币、采供血设备、设施及其他物品达到50万元以上的单位和个人。

无偿献血促进奖由各省（自治区、直辖市）择优推荐；军队和武警部队无偿献血促进奖以师（旅）级单位为推荐单位，由军队各大单位卫生部门择优推荐。

第八条　无偿献血志愿服务奖，用以奖励积极参与无偿献血志愿服务工作的个人。其奖项和获奖标准为：

（一）“一星级”，无偿献血志愿服务累计时间达到120小时的志愿者；

（二）“二星级”，无偿献血志愿服务累计时间达到240小时的志愿者；

（三）“三星级”，无偿献血志愿服务累计时间达到360小时的志愿者；

（四）“四星级”，无偿献血志愿服务累计时间达到480小时的志愿者；

（五）“五星级”，无偿献血志愿服务累计时间达到600小时的志愿者；

（六）“终身荣誉奖”，无偿献血志愿服务时间超过10年且累计时间超过1500小时，或累计时间超过3000小时的志愿者。

第九条　无偿献血先进省（市）奖，用以奖励积极支持无偿献血事业的省（自治区、直辖市）、设区的市（地、州）。其获奖标准为：

（一）无偿献血能够满足临床用血需求，临床用血100%来自自愿无偿献血；

（二）当地献血人群中固定无偿献血者比例达到50%以上；

（三）15－55周岁人口中，城市居民对无偿献血知晓率应达到85%以上，农村居民应达到75%以上；在校青少年应达到95%以上；

（四）当地新闻媒体积极播放宣传无偿献血知识的公益广告，其中每日早7时至晚10时广播、电视等媒体确保播出2次以上；

（五）辖区内70%以上的公共场所，如主要路段、街头、广场、公园、商业区和旅游景区等，免费设置无偿献血知识的公益广告牌或宣传栏；

（六）根据当地医疗机构临床用血量，设置布局合理、数量适当的固定献血屋（点）。

第十条　无偿献血先进部队奖，用以奖励为无偿献血事业作出贡献的军队和武警部队。其获奖标准为：

官兵无偿献血知晓率达到95%以上、自愿无偿献血100%的军队和武警部队军级（独立师）以上单位。

第十一条　无偿捐献造血干细胞奖，用以奖励成功捐献造血干细胞者。其奖项和获奖标准为：

（一）奉献奖，成功捐献造血干细胞1次的捐献者；

（二）特别奖，成功捐献造血干细胞2次以上的捐献者，或者成功捐献造血干细胞1次且自愿无偿献血20次以上的捐献者。

第三章　表彰权限和程序

第十二条　各地市卫生计生行政部门、红十字会和军队有关单位负责相关申请材料的收集、审核、公示、报送工作。

各省（自治区、直辖市）卫生计生行政部门、红十字会和军队有关单位负责对申请材料进行统计、初审、公示、报送工作。

国家卫生计生委、中国红十字会总会和总后勤部卫生部组成“无偿献血表彰奖励评定小组”，负责对无偿献血表彰奖项的复审、公示、评定、审批。

第十三条　各地市人民政府、红十字会和军队有关单位负责表彰：

（一）无偿献血奉献奖铜奖；

（二）无偿献血志愿服务奖（一星级至三星级）。

第十四条　各省（自治区、直辖市）人民政府、红十字会和军队有关单位负责表彰：

（一）无偿献血奉献奖银奖；

（二）无偿献血志愿服务奖（四星级至五星级）；

（三）无偿捐献造血干细胞奉献奖。

第十五条　国家卫生计生委、中国红十字会总会和总后勤部卫生部负责表彰：

（一）无偿献血奉献奖金奖；

（二）无偿献血促进奖；

（三）无偿献血志愿服务终身荣誉奖；

（四）无偿献血先进省（市）奖；

（五）无偿献血先进部队奖；

（六）无偿捐献造血干细胞特别奖。

第十六条　无偿献血表彰奖励，一般按下列程序进行：

（一）个人、集体、省（市）和部队符合相应奖项获奖标准的，由个人、单位或当地采供血机构提交申请材料，并按照规定的表彰奖励权限上报地市卫生计生行政部门、红十字会和军队有关单位；

（二）地市有关部门收集、审核、统计相关申请材料，对审核结果，在本地区范围内以适当形式公示 5 个工作日，公示结束后向省级卫生计生行政部门、红十字会和军队有关单位报送推荐材料；

（三）省级有关单位对各地市上报的申请材料进行初步审核，对初审确定的合格名单，在本省（区、市）范围内以适当形式公示 5 个工作日，公示结束后向“无偿献血表彰奖励评定小组“报送推荐材料；

（四）“无偿献血表彰奖励评定小组”对各省级有关单位上报的申请材料进行复审，对复审确定的合格名单，以适当形式公示 5 个工作日。

第十七条　对曾在不同地区参加无偿献血的献血者提出申报的，各地应当认真核对有关献血者信息，及时受理，不得拒绝受理符合表彰条件献血者的申报要求。

第四章　表彰的监督

第十八条　申报个人、集体、省（市）和部队弄虚作假、骗取奖励的，经核实后，取消其申报资格，4 年内不得再次申报；已经进行奖励的，审批机关将撤销奖励，收回奖励证书，并向社会公布。

第十九条　参与无偿献血评审工作的有关人员，在工作中徇私舞弊、弄虚作假的，根据情节轻重，给予批评教育或处分。

第五章 附则

第二十条　无偿献血是指公民在无报酬的情况下，自愿捐献自身血液的行为。固定无偿献血者是指至少献过 3 次血，且近 12 个月内献血至少 1 次，并承诺未来一年之内再次献血的。

第二十一条　表彰评定的无偿献血次数按以下规定进行折算统计：

全血每 200 毫升按 1 次计算；

机采血小板每 1 个治疗单位按 1 次，2 个治疗单位按 2 次计算；

《献血法》公布前的无偿献血次数可以累加计算。

第二十二条　本办法适用于华侨、港澳台同胞及外籍在华人员于中国大陆地区献血后的表彰奖励。

第二十三条　本办法表彰的各类奖项为荣誉奖励。

第二十四条　各省（自治区、直辖市）人民政府、红十字会和军队有关单位，可根据本办法及本地区、本单位的实际情况制订相关表彰奖励方法。

第二十五条　本办法由中华人民共和国卫生计生委、中国红十字会总会和中国人民解放军总后勤部卫生部负责解释。

第二十六条　本办法自公布之日起施行，2009 年 12 月 31 日公布的《全国无偿献血表彰奖励办法（2009 年修订）》同时废止。

第八章　戏说血液

血液是维持人体生命活动和机体正常生理功能不可缺少的特殊物质。胎儿在母亲的子宫里，是母亲的血液为胚胎的生存和生长发育提供必需的氧气和营养物质，同时母亲血液中的抗体也保护着胚胎免受疾病侵袭。婴儿出生后，其体内血液开始独立工作。人体内的血液由血浆和混悬于血浆中的血细胞等有形成分组成。成年人的血细胞主要生成于骨髓，一旦骨髓功能受到抑制，血细胞生成障碍，就会导致人体发生贫血，甚至会致使人体生理功能紊乱，严重时可危及患病者的生命。

血液是人体内十分奇特的，鲜红色（静脉血为紫红色）的，具有生命活性和遗传多态性的黏稠状液体。虽然一滴血液只有0.05克重，看起来像一粒绿豆大小，但若用各种先进仪器去观察血液，你会发现其中不但含有数以亿计的红细胞、白细胞（其中又分中性粒细胞、嗜酸性粒细胞、嗜碱性粒细胞、单核细胞、淋巴细胞等）和血小板，还含有由一百多种蛋白、多种维生素、酶、铁、糖、激素及90%～92%的水等成分构成的血浆。

第一节　“运气大王”红细胞

1685年，人们首次描述红细胞时，说它是血细胞中的小胖子，平均直径为7.2微米，形状像碟子。因为红细胞含有大量的血红蛋白和铁，所以红细胞呈红色。正常成年人每立方毫米血液中红细胞的参考正常值为：男性 400 万 ~ 500 万个，女性 350 万 ~ 450 万个。每 100 毫升血液中血红蛋白的平均含量为：男性 12 ~ 15 克，女性 10.5 ~ 13.5 克。这些数值会因年龄或生活及环境条件不同而改变。例如：婴儿和居住在海拔较高地区的人，体内血液中红细胞的数量高于正常成年人。据研究报道：运动员体内的血红蛋白含量维持在每 100 毫升 16 克时，能发挥出较好的运动成绩；每 100 毫升血红蛋白为 12 克时，则被运动界视为运动性贫血。各种原因导致的红细胞质量、数目、形态以及血红蛋白量超出或低于正常范围都被认为是不正常的。一般情况下，红细胞数目少于每立方毫米 300 万个，每 100 毫升血液中血红蛋白低于 10 克，即可视为贫血。一个 50 千克的正常人血液中大约有 25 万亿个红细胞，红细胞是血细胞中数量最多的细胞，如果将一滴血液中的红细胞排成一行，可长达 1.8 ~ 2.16 千米。要是步行从排头到排尾大约需要一个小时。倘若将一个人体内的红细胞排成一列，其长度足可绕地球两周。

图 8 - 1　红细胞

红细胞跟人一样，也有明显的年龄及好坏区分，通常可分为年轻红细胞、老年红细胞、正常红细胞和畸形红细胞。年轻的红细胞体质柔软并充满活力，具有很强的可塑性，能顺利地通过身体内任何一个微小血管和脾脏的过滤系统。随着时间的推移，年轻的红细胞会逐渐老化，老年红细胞的体质由柔软变脆硬，可塑性减弱，形态由圆盘状变成棘状或球状，不易通过脾脏的过滤系统，这可能是红细胞最终在脾脏凋亡的原因之一。红细胞的年龄和形状对人体有很大影响，畸形和老年的红细胞携氧和活动能力低于年轻的正常红细胞。红细胞在人体内肩负着艰巨的任务，但是它从不叫苦，任劳任怨夜以继日地携带氧气、输送营养物质及激素等到全身各处，还要将全身各处组织和细胞排出的二氧化碳带到肺泡呼出体外。因此，红细胞被誉为人体内的“运气大王”。最新研究报道，红细胞还具有促进淋巴细胞信号传导、重要免疫调节、抑制肿瘤转移、调节炎症反应（如红细胞 IL－8R）等重要功能。在血细胞中，红细胞可算是“长寿”者了。最长寿的红细胞能活 200 天左右，短寿的大约能活 40 天，红细胞的平均寿命约为 120 天，老年的红细胞最后长眠于脾脏。死亡了的红细胞会被分解代谢，除了铁和叶酸等作为传给后代的遗产，被保留下来作为再造血的原料外，其他成分被当做废物排出体外。体重为 50 千克的正常成年人每天大约有 15～20 毫升的红细胞（相当于 30～40 毫升全血中的红细胞）死亡，同时，骨髓会释放出相当数量的年轻红细胞参与工作。血液中的血红蛋白、血铁或红细胞的含量低于正常值就会贫血，出现头晕目眩、四肢乏力等；血液中的血红蛋白、血铁或红细胞高于正常值就会使血液黏稠度增高，诱发血栓和冠心病等心脑血管疾病及癌症等。因此，健康人体内血液中红细胞的新生和死亡始终保持着动态的平衡。

第二节　英勇善战的白细胞

白细胞体积多数比红细胞大，在血流中呈球形。由于白细胞中基本不含血红蛋白，所以呈白色或无色。白细胞能做变形运动，可以穿过血管到周围组织中。血液中白细胞的数目远比红细胞少，正常成年人每立方毫米血液中白细胞的总数在 4000～10000个。男、女之间白细胞的数量无明显差别。婴儿血液中白细胞的数量稍多于成年人。血液内白细胞的数值可受各种生理因素的影响，如运动、饱食及女性月经期白细胞总数皆可略有增多。人体发生疾病时，白细胞的数值会显著增高或降低。如果一个成人每立方毫米血液中白细胞的总数持续低于4000或高于10000个，可视为异常。若在某个人的血液循环中持续出现大量幼稚白细胞时，医生首先想到的是：这个人可能患了血液病。

图8－2　白细胞

中性粒细胞、T淋巴细胞、B淋巴细胞、单核细胞、嗜酸性粒细胞和嗜碱性粒细胞几队兄弟共同组成白细胞家族。几队兄弟的个子大小不一，寿命相差很大，外形和结构也十分复杂，几队兄弟间各有分工，但团结协作，密切配合，一致对外，共同警戒和守护着人的机体，严密地抵御细菌和病毒等病原微生物等“侵略者”的进犯。如果发现有“侵略者”进犯，白细胞中的“侦察兵”就会立即报告指挥部调兵遣将，采取各种方法进行反击。在历次战斗中，中性粒细胞都是冲锋在前，首先迎战入侵者；紧随其后的是淋巴细胞，T淋巴细胞会对入侵者追杀不放，B淋巴细胞会积极制造并施放“化学武器（抗体）”阻击和拦截入侵者，K淋巴细胞更不示弱，会迎头赶上，痛击来犯之敌，各路兵马前仆后继英勇作战，会一直战斗到生命的最后一刻。白细胞兄弟的平均寿命为 9 ~ 13 天，长寿者可生存几百天，短命者的寿命只有几个小时。但是，不论兄弟间各自的寿命有多长，它们都是无怨无悔、忠于职守的勇士。

第三节 “抗洪勇士”血小板

血小板（又称血栓细胞）是骨髓内成熟的巨核细胞经过变形伸向骨髓腔血管内小突上的细胞质碎片脱落到血液中形成的。血小板没有完整的细胞结构，也没有核，个子在血细胞中算得上是矮小的，大小仅相当于红细胞的 1/3 ~ 1/7。正常人血液中血小板的数量为每立方毫米 10 万 ~ 30 万个，平均为每立方毫米 15 万个。若血小板减少到每立方毫米 5 万个以下，机体将会出现出血倾向，甚至会出现自发性出血；如果血小板数量超过每立方毫米 50 万个以上，则视为血小板增多症；超过每立方毫米 100 万个时，机体易发生血栓和心脑血管疾病。当人体发生血小板增多症时，应采用单采血小板去除术或施以可降低血小板数量的药

图 8 – 3 血小板

物，以防治血栓及心脑血管等疾病的发生。血小板在血液中的平均寿命为7天，9～14天的血小板在血小板这个家族就算是长寿或高寿“老人”了。当血小板衰老或被破坏后，绝大部分被肝、脾和骨髓内的巨噬细胞吞噬。血小板在人体内的主要任务是参与堵塞伤口（止血），一旦人体某一部位因外伤或血管破裂出血时，血小板就会快速向破损处集结，然后“手挽着手”“肩并着肩”排成队、挺立在“决口”处聚集成堤坝，用自己的躯体吸附大量的泥沙（凝血因子）堵塞在“决口”处，使伤口局部凝血因子浓度迅速增高，促进血液凝固。血小板还会牺牲自己释放出5-羟色胺、肾上腺素及凝血因子等一些与血液凝固有关的物质，使血管收缩，从而达到止血的目的。因此，可以说血小板是修补损伤、促进血液凝固的“能手”，是“抗洪”第一线的“勇士”和“英雄”。

第四节　筑起血液半壁江山的群体——血浆及其内涵

如果我们用精密仪器来观察血液，会发现血液是一个“人口众多”成分复杂的大家族，它不但有红细胞、白细胞、血小板、血浆，血浆中还含有水和白蛋白、球蛋白等数以百计的各种蛋白，还有葡萄糖、碳、氢、氧、氮、钾、钠、钙、镁、磷、铁、铜、锌、铬、碘等，这些成分在机体内都有着各自独特的作用和功能。

人体的血浆大约占其体重的4%（40～45mL/kg），血浆中的蛋白号称是生命的基础。血浆蛋白按其功能的不同，分为白蛋白、免疫球蛋白、补体蛋白、蛋白酶抑制剂、运载蛋白和纤维蛋白、溶解蛋白等。

白蛋白主要由肝细胞合成，一般在同一时间内肝脏只有1/2～1/3的肝细胞在进行白蛋白的合成，而且是边合成边释放到血液循环和淋巴系统内。肝脏不贮存白蛋白，健康人每天合成

图 8 – 4　血液大家族

的白蛋白是血液中白蛋白的 10%，绝对合成率每天每千克体重 0. 20 克。一位体重为 50 千克的健康成人体内大约有 215 克白蛋白。营养不良时，在 24 小时内白蛋白的合成量会减少到正常情况时的 25%，引起血管内外的白蛋白减少，最终导致血浆内白蛋白浓度降低。白蛋白除了可作为修补和制造各种组织细胞的原料外，其主要生理功能是维持血液及组织中的胶体渗透压、保持人体水分平衡。由于白蛋白是血容量的主要保持者，白蛋白一旦低于正常范围，人体就会出现浮肿。由于白蛋白可直接从组织间隙吸收水分到血液中，可使血液稀释、血液黏稠度降低，从而促进水肿消退。因此，在慢性肝炎、肝硬化、肾病综合征等引起的白蛋白缺乏和人体因低蛋白血症出现浮肿时，常常选用白蛋白或血浆制剂来改善低蛋白血症。在大出血时，如果短时间内输不上血，为避免因血容量恢复不及时导致的循环衰竭，用白蛋白作为血容量扩充剂是最理想的。白蛋白具有一定的结合力，如果用白蛋白与胆红素的结合来治疗新生儿溶血病，有一定预防脑损伤的效果。虽然白蛋白是一种良好的静脉内营养剂，但由于白蛋白半存活期太长（平均约为 20 天），所含氨基酸释放缓慢，而且所含氨基酸中主要的色氨酸含量又较低，因此，从科学合理应用白蛋白的角度看，白蛋白不宜长期用于纠正营养性低蛋白血症，要彻底纠正低蛋白血症，必须从解决导致低蛋白血症的各种病理因素入手。

免疫球蛋白（Ig）是指具有抗体活性和化学结构及与抗体相似的一类球蛋白。免疫球蛋白是血浆中含量仅次于白蛋白的一种蛋白质，它约占血浆蛋白总量的 12% ~15%。免疫球蛋白生成于 B 淋巴细胞和浆细胞，存在于血液、体液和外分泌液内。免疫球蛋白有兄弟五个，分别叫免疫球蛋白 G（IgG）、免疫球蛋白 A（IgA）、免疫球蛋白 M（IgM）、免疫球蛋白 D（IgD）、免疫球蛋白 E（IgE）。它们五个虽然是兄弟，但却不是一母所生，各自的任务和功能也各不相同。最淘气的小弟弟免疫球蛋白 E 诞生于鼻咽、扁桃体、支气管、胃肠道黏膜等处的浆细胞，这些部位是致病原经常入侵的地方，IgE 总是积极地与入侵到它身旁的抗原结合，因此，IgE 在抵抗外来入侵者的同时，还常常使“主人”产生心烦不安的过敏反应。四弟弟免疫球蛋白 D 是个独行侠，它性格内向，不爱表现自己，其功能十分隐匿，它老是抛开其他兄弟，独来独往，它每天在干些什么，人们还不完全清楚。IgD 的性格和脾气总是让人摸不透，有人说，它悄悄地潜伏于淋巴细胞表面，在甄别抗原和调理免疫应答中大显神通。其他兄弟三个免疫球蛋白 G、免疫球蛋白 A 和免疫球蛋白 M 亲如手足，虽然分工不同，但大家始终通力合作，共同抗击来犯之敌（进入机体的致病原）。由于免疫球蛋白 G、免疫球蛋白 A 和免疫球蛋白 M 三兄弟战功卓著，科学家们不惜耗费巨资，想方设法把他们几兄弟从它们的居住地迁移出来，制成药品，造福于民。其制作方法是：首先从血液中分离出血浆，再从血浆中提取出免疫球蛋白 G（又称：丙种球蛋白）。免疫球蛋白类制剂可提高人体的免疫能力，用于治疗一些疾病。

纤维蛋白原在人体血液中的含量虽然不多，但血液凝固却与它息息相关。当人体某一部位发生出血时，血浆中的可溶性纤维蛋白原在凝血酶、Ca^{2+}和Ⅷ因子催化下形成不溶性的纤维蛋白，纤维蛋白呈细丝状，相互交织成网，把所有的血细胞都网罗在内，使原来处于流动状态的血液逐渐变成凝胶状，而使出血停止。纤维蛋白原生成于肝脏，因此，在发生严重肝脏疾病时，肝脏如果制造不出足够的纤维蛋白原和凝血酶原，人体就会发生血液凝固障碍，这是严重肝病患者容易发生出血的主要原因之一。

糖是能量的主要来源之一。糖被机体吸收后有三个基本去向：一是进入血液被直接利用；二是暂时以糖原的形式储存在肝脏和肌肉等处；三是转变成脂肪。糖除了作为热能直接利用外，大部分被转变为脂肪。人体1/5的能量用于脑组织，这部分能量主要来源于糖。糖也是神经组织赖以保持正常活动的主要能源。虽然脑组织中含有少量的糖原，估计仅是一种组织结构上的需要。人的大脑对低血糖的反应特别敏感，轻者头晕、无力，重者可出现晕厥。但过量的葡萄糖最终会转变为脂肪，在机体脂肪储备库中囤积。1克葡萄糖可产生16.72焦耳的热量，而1克脂肪产生的热量可达37.62焦耳。因此，高寒地区和运动量较大的人，大多喜欢食用高脂肪、高蛋白的食物。当人在饥饿或人体能量供给不足时，脂肪就会立即“燃烧和牺牲”自己，释放出维持人体正常生理功能所需的大量能量。

维生素是维持人体正常生命活动所必需的重要有机营养素。维生素分为脂溶性维生素和水溶性维生素两大类。已确定为人体所必需的维生素有：维生素A、D、E、K、B_1、B_2、B_6、B_{12}、C、尼克酸和叶酸等。长期缺乏维生素可使劳动效率下降，产生不适的感觉，并且对疾病的抵抗能力下降。人体内骨髓等造血器官造血时少不了叶酸和维生素B_{12}，血液凝固时又离不开维生素

K，预防动脉粥样硬化时需要大量的维生素C和维生素E。

酶类在人体内有千余种，其功能都是起催化作用的。人体的一切生命活动都是以化学变化的形式来完成的，人体在进行这些化学变化时都借助于酶的催化作用完成。

激素在人体内有两类：一类含氮，另一类不含氮。虽然激素在人体内含量极少，但它对保持人体代谢、生长发育和生殖等正常功能具有十分重要的作用。

钾在血液中是含量较多的元素之一。钾和钠在维护血浆晶体渗透压、调节水和电解质代谢及维持人体的正常生理功能等方面都起着十分重要的作用。血清钾浓度和体内钾总量之间并不一定呈平行关系。血清钾浓度高时，细胞内仍可能缺钾；反之，慢性体内缺钾时，血清钾浓度却可在正常范围之内。血清中钾的浓度低于3.5mEq/L时，称为低血钾症。当人患低血钾症时，会出现频繁呕吐、腹泻，由于肾小管上皮细胞内钾浓度降低，排钾量减少，会引起代谢性碱中毒、酸性尿，甚至出现血容量减少。低血钾时，可引发低血钾麻痹症（又称“软病”，其特点是血清钾明显降低，人四肢肌肉发生弛缓性麻痹，严重者可出现呼吸肌麻痹）。低血钾时，由于心肌的兴奋性增高，易发生心率失常及体位性低血压，轻者精神委靡、淡漠，重者可出现昏睡、昏迷。血清中钾的浓度高于5.5mEq/L时，称为高血钾症。轻度高血钾症时，患者出现手足感觉异常、疼痛、肌肉轻度震颤等症状。高血钾时，可出现代谢性酸中毒、碱性尿，严重高血钾时四肢软弱无力、腱反射消失，甚至会出现弛缓性麻痹。当血钾浓度迅速升高时，由于静息电位过小，心肌兴奋性降低甚至消失，心肌自律性降低，心肌收缩性降低，可因严重的传导阻滞或心肌兴奋性消失引起心搏骤停。

钠在血液中也是含量较多的元素，它和钾一样在维护血浆晶体渗透压、调节水和电解质代谢及维持人体的正常生理功能等方面起着十分重要的作用。在临床上，水、钠代谢紊乱常同时发生，其主要原因是细胞内外及血液中的钠平衡问题。当机体钠和水的平衡失调，出现水、钠代谢紊乱时，可出现脱水（包括失钠）和水中毒。高渗性脱水时，细胞内、外液的容量都减少，但因为细胞外液可通过饮水、排尿、减少和细胞内液转移而得到补充。低渗性脱水时，肾素-血管紧张素-醛固酮系统活性增强，此时，细胞外液及有效循环血量减少。

钙和磷是最友好的合作伙伴，它们是骨骼中不可缺少的重要原料。钙是维持所有细胞正常生理状态所必需的物质。钙、镁、钾、钠等离子保持一定的比例时，组织才能表现出适当的感应性，如心脏的正常搏动，肌肉、神经正常兴奋性的传导和适宜感应性的维持，钙以离子状态存在于血液中，若血清钙量过高，会抑制神经、肌肉的兴奋性；若血清中钙的含量低于正常范围，会使神经和肌肉的兴奋性增高，引起抽搐等反应。血清中的钙还参与血凝过程，并对一些酶系统（如三磷酸腺苷酶）起激活作用。此外，钙还能维持细胞内胶质的完整性。钙缺乏会影响骨骼的发育和骨骼结构，表现为婴儿的佝偻病和成人的骨质软化症及骨质疏松症。

磷是人体内十分重要的有机化合物成分，能量的储存、物质的活化、酶的组成和调节酸碱平衡等都必须有磷的参与。

镁是许多种酶系统的辅助因子，对与氧化磷酸化有关的酶系统的生物活性极为重要，可以说任何需要ATP参加的反应都需要镁离子。人体内镁的含量增高，会使人的呼吸减慢、心跳变缓、血压下降；若人体内镁的含量降低，会导致小儿佝偻病或使人出现手足抽搐等症状。

铁是生成血红蛋白的主要原料，一个体重为50千克的成年人机体内铁的含量约为3~5克。如果将一个体重为50千克的正常成人体内所有的铁全部提取出来，足可制造出一枚5厘米长的铁钉。瘦人体内铁的含量略多于胖人。人体内的铁约有 60% ~ 70% 存在于血红蛋白（红细胞）中，因为有了大量的铁元素，血液才变成了红色。铁在机体代谢中可被机体反复利用，正常情况下，除肠道分泌，皮肤、消化道与尿道上皮脱落及育龄期女性月经期流血丢失部分铁外，人体几乎不存在其他丢失铁的途径。因此，通过饮食摄入的铁就能够满足机体对铁的需要。如果女性月经流血量较多或妊娠期铁损失较多，铁的供给量应适当增加。人体内的铁是保持动态平衡的，人体对食入铁的吸收量由体内铁的储存量决定。体内铁储存量多，则铁的吸收率低；体内铁储存量少，则铁的吸收率就高。人体内缺铁，会出现缺铁性贫血；反之，血液中长期处于高铁状态，会使血液的黏稠度增高，从而诱发高血压、冠心病等心脑血管疾病。据报道，持续血铁浓度过高是癌症高发的因素。

铜在人体内参与血红蛋白的生成。铜也是制造红细胞膜的主要物质。人体内无论是缺少铁还是缺少铜，都可能发生缺铁性贫血。

锌是人体内含量比较微少的元素，因此，人们称锌为人体内的微量元素。人体血液中的锌有 75% ~ 85% 分布在红细胞内，主要以碳酸酐酶和其他含锌金属酶类的形式存在。血浆中的锌往往与蛋白质相结合。锌在人体内的含量虽然微少，但它却是人体内十分重要的元素。过去，人们不重视锌在人体内的作用，现在人们已认识到锌是多种金属酶的组成成分，是酶的激活剂，与锌有关的酶至少有 60 种以上。多项研究表明，锌离子主要参与机体 DNA 的合成，也间接影响 RNA 和蛋白质的合成。锌是 RNA 聚合酶和 DNA 聚合酶呈现活性所必需的物质。锌能协助葡萄糖在细胞膜上转运。每一分子胰岛素中有两个锌原子，估计锌与胰岛素的活性有关。有人说，锌是细胞生长、分裂及正常生命活动过程中不可缺少的物质。人体一旦缺少了锌，会出现食欲不振、四肢无力、生长停滞、性幼稚、自发性味觉减退、创伤愈合不良及肢体皮炎等。孕妇缺锌可导致胎儿畸形，婴幼儿胸腺发育不全和生长发育不良等都与锌缺乏有关。

铬是人体合成、吸收、利用三大功能不可缺少的“催化剂”之一，铬可影响氨基酸在人体内的运转，铬与脂肪代谢有明显关系，一旦人体内缺乏铬，会引起空腹高血糖和血管变性等，甚至会导致近视眼等疾病发生。实验证明，在因食用富含蔗糖食物所致的高胆固醇血症者的饮用水中加入一定量的铬（三价铬），可使其血清胆固醇显著下降。

碘与人体内甲状腺素的生成有关，食物和饮水中的碘离子很容易被消化吸收，并运转至血液中。婴幼儿和育龄期女性如果长期缺碘，可诱发甲状腺系统疾病。最常见的就是甲状腺肿大（粗脖子病）。

人体内的各种元素，除碳、氢、氧和氮主要以有机化合物的形式出现外，其余各种元素，无论其存在的形式如何，含量多少，统称为无机盐。无机盐中含量较多的是钙、镁、钾、钠、磷、硫、氯7种元素，铁、铜、碘、锌、钴、锰、钼、硒等含量较少，有的甚至少的只有痕量。所以，称之为微量或痕量元素。但是，这些微量或痕量元素在维持细胞内外压、血浆渗透压、酸碱平衡、神经肌肉兴奋性、人的正常生命活动及正常的生理功能等方面均起着十分重要的作用。

血液是一个十分庞大而复杂的生命世界，这个世界是由许许多多的成员构成的，这些成员是维系人体正常生命活动不可缺少的。每一个成员的灵活性、耐受性和代偿性都特别强，机动范围也很大。对于健康的机体来说，适当地献血对机体的造血功能，对血液中每一类成员的生成及代谢能力都是一种良性刺激，这种良性刺激将使人的整个机体更具有活力，一旦人体受到意外损伤，其机体的应变能力将比一般人更强。

第九章　神奇的心脏

人类心脏的大小约与本人正常拳头的大小相差无几，成年人心脏的重量为250～540克。人的心脏就像一部永动机，为保证人体的正常生理功能而不停地跳动。正常成人的心脏每分钟要跳动60～100次，长期从事重体力劳动或剧烈运动者的心脏跳动可低至每分钟50次。

心脏主要是由心肌组成，心肌收缩的力量很大，正常情况下心脏每收缩一次的压力，可将70毫升的血液通过血管运送到人体的每一个部位。正常成人安静时心脏的输出血量，一般为每分钟5000～6000毫升；1小时从心脏的左心室中射出的血量相当于本人身体重量的3倍；一个昼夜从一个成年人心脏排出的血量约为6吨，所做的功相当于将32吨重的物体从平地升高0.3米。心脏搏出血液的20%直接流向大脑，如果脑供血出现不足，人就会感到头晕、困倦等。

另外，人体的不同时期、不同阶段，从心脏排出的血量也有所不同。以正常人平静躺着或仰卧时心脏排出的血量为基准，中等速度步行时，心脏排出的血量大约增加50%；情绪激动时心脏排出的血量增加50%～100%；女性妊娠后期心脏排出的血量增加40%～85%；进行体力劳动或体育运动时心脏排出的血量会增加得更多。重体力劳动或剧烈运动时心脏排出的血量是安静时心脏排出血量的5～7倍。当心脏发生病理改变时，心脏的“心力储备”能力也相应降低。如果经常进行体力劳动或长期进

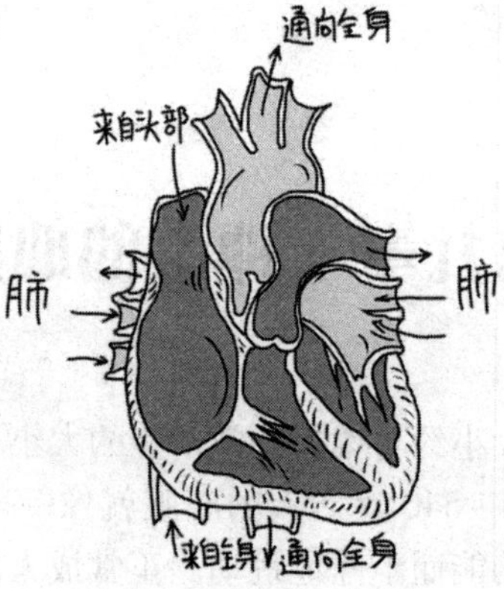

心

行适当的体育锻炼，可以提高“心力储备”。长期进行重体力劳动或坚持剧烈运动的人，心脏会比一般人的心脏要大，外形看上去也比较结实，这种人的心跳比一般人的心跳有力得多，每分钟跳动的次数要明显少于一般人。长期进行重体力劳动或坚持剧烈运动的人，心脏每跳动一次向人体运送的血量可达 130 毫升左右。一个优秀的运动员，心脏每分钟跳动的次数一般在 50 次左右。体质较强壮者和优秀运动员的心脏每分钟跳动的次数略低于一般人（国家体育总局体育科学研究所，于 2007 年在《中国运动医学杂志》第 1 期上公布的），他们对我国 930 名优秀运动员基础心率的调查结果显示：我国优秀男运动员安静心率平均 58. 95 次/分，女运动员平均为 59. 02 次/分。男、女运动员最低心率均为 37. 00 次/分。如果用听诊器去听他们的心率，会感到他们的心跳比一般人更铿锵有力，此时心脏每跳动一次向人体输送的血量可高达 150 毫升左右，这些人心脏的周围承担着营养心脏自身的冠状动脉血管比一般人的多而且粗大，血管壁厚，弹性也好，其直径是正常人的 3 ~4 倍。

人的心脏及整个循环系统的代偿能力都很强，当人体因某一部位发生出血，导致身体内有效循环血量不足，通过调动血液“预备队”（储存于肝、脾及皮下毛细血管床等人体小血库的血液）仍不能满足循环要求的时候，心脏会加大心肌收缩的强度，加快收缩的速度，同时，人体还会使全身各处的血管收缩，使心脏和血管内的血容量减少，加快血液的流速以维持人体各器官的基本功能。

人体内的血管分为大血管、中血管、小血管、微小血管和毛细血管。毛细血管的直径很小，平均只有0.008毫米至0.01毫米。有位科学家在一次解剖实验中，在1平方毫米（约相当于一粒小米所占的面积）的肌肉组织里，竟然数出了350多条毛细血管。因此，可以想象血管在人体内分布的有多么密集。

人体的血液循环是以心脏为核心，动脉、小动脉、微小动脉和毛细血管、微小静脉、小静脉、静脉组成的密集而完善的运输网络。一旦心脏出现问题，就会危及人的生命。因此，我们要特别注意心脏的健康。在身体健康时要加强锻炼身体，养成健康的饮食和生活习惯，疲劳时要立即休息，以保证充足的睡眠，保证有一颗健康的心脏。

第十章 血液循环——生命之河

血液主要生成于骨髓，由心脏排出，经大动脉、中动脉、小动脉和微小动脉血管及毛细血管流到全身各处的组织；然后，又经毛细血管和微静脉、小静脉、中静脉和大静脉血管返回心脏。如此周而复始、奔流不息，构成维系人体正常生理功能的生命之河（血液循环）。

心脏搏动产生血液循环的推动力。动脉和静脉血管之间是通过毛细血管相互连接的。毛细血管中的血液循环，称为“微循环”。微循环具有直接向组织提供营养、进行新陈代谢、维持细胞内环境稳定等作用。人身体内的血液，在左心室收缩压力的驱动下从左心室射出，经主动脉和中、小动脉，最终分布到头部、手脚及全身各个角落的毛细血管。通过细胞间液与人体各个部位的组织进行物质交换，血液中的氧气和营养物质被组织吸收，而组织中的二氧化碳和代谢产物进入血液中，使动脉血转化为静脉血，再由毛细血管进入小、中静脉，最后经下腔静脉返回至心脏的右心房。环绕人的整个身体循环一周的途径，被人们称为体循环（或称大循环）。返回到右心房里的静脉血流入到右心室，被右心室收缩的压力射出，经肺动脉到达肺泡周围的毛细血管网，在此排出二氧化碳等废物，吸收新鲜氧气，由静脉血变为动脉血，然后再经肺静脉返回左心房，这一循环过程，被人们称为肺循环（或称小循环）。左心房的血液再流入左心室，又经大循环遍布全身。血液就这样通过大、小循环不断地运转。血液这种周而复始的循环过程叫血液循环。

据专家推算，血液在人体内的循环速度快得惊人，一般情况下，血液在人体内完成一个循环周期仅需 23 秒。如果把人体全身的动脉、静脉和各种毛细血管一字连接起来，会发现人体内血管的总长度比长江、黄河、钱塘江、珠江、嫩江、乌苏里江、松花江、鸭绿江、多瑙河、尼罗河、亚马孙河的总长度之和还要长。有人计算过，人体的动脉、静脉和各种毛细血管的总长度约可以绕地球赤道 4 周。

血液的循环离不开血液，而血液的构成相当复杂，仅其主要的组成成分就有红细胞、白细胞、血小板、蛋白质、脂质、糖、无机盐和水等。正常成人的血细胞主要生成于红骨髓，红细胞因含有大量的铁而呈红色，白细胞呈白色，血小板无色，血浆呈金黄或草黄色。血浆中除含有 90% ~92% 的水以外，还含有各种蛋白质、糖类、脂质、激素、酶类、矿物质等。血液各种成分原本是五颜六色的，因为红细胞在血液中所占的比例最大（45%），体积也最大，使五颜六色的血液显示为红色黏稠液体。

人体具有强大的血液储备潜力，人的神经调节中枢就是一个

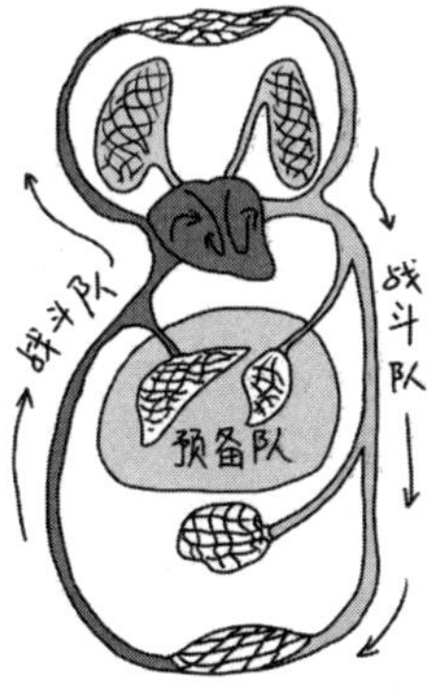

血液循环

综合性指挥所，平时它只将人体内血液中80%左右的“兵力”投入到人体的血液循环中，而将另外20%左右的血液作为“战斗预备队”屯储于肝脏、脾脏皮下巨大的毛细血管床（网）及肌肉中。一旦人体的某一部位发生大出血，人体内有效循环血量不足时，神经调节中枢就会迅速调动屯储于肝脏、脾脏皮下巨大的毛细血管床（网）及肌肉中的“战斗预备队”补充不足，投入战斗。

血液是宝贵的，血液是生命之河。我们要珍惜血液，养成健康的饮食和生活习惯，使生命之河不受污染，以保障体内各种血液成分的均衡和健康。尊重科学、遵守规定、科学合理地捐献血液及某种血液成分，科学合理地使用血液及血液成分。

第十一章　免疫球蛋白 G 的奥秘

免疫球蛋白 G（IgG）是免疫球蛋白五兄弟中的大哥，有人说它的乳名叫抗体，这虽然不够确切，但也算贴近实际。还有的人称它为多克隆抗体。免疫球蛋白 G 在脾脏和淋巴结等器官及浆细胞内生成。然后进入“主人”的血液，但在组织体液、唾液、乳汁、泪液、鼻黏膜、支气管分泌液、胃肠道黏膜分泌液及某些细胞膜上也有它和它的弟兄的足迹，这主要是由于细菌、病毒、毒素以及寄生虫等外来之敌经常入侵“主人”的机体，因此，它必须从血浆中出来去参加抗击外来入侵者的战斗。免疫球蛋白 G 还有免疫球蛋白 G_1、免疫球蛋白 G_2、免疫球蛋白 G_3 和免疫球蛋白 G_4 四个子弟（四种亚型），大多数抗菌性、抗毒性和抗病毒性抗体都属于免疫球蛋白 G 的范畴，不少自身抗体，如系统性红斑狼疮的抗体（LE 因子）和抗甲状腺蛋白抗体等也属于免疫球蛋白 G 系列。

免疫球蛋白 G 是人体血液中免疫球蛋白的主要成分，它是人体中最重要的免疫球蛋白之一。免疫球蛋白 G 占人体血浆中免疫球蛋白总量的 70% ~80%。临床使用的免疫球蛋白制剂的主要成分是免疫球蛋白 G。免疫球蛋白具有多种生物活性，但它的主要功能是参与免疫防御反应。人血清/浆中的免疫球蛋白主要是单体。免疫球蛋白 G 在血浆中的分解比较缓慢，半衰期一般为 16 ~24 天，它是唯一能通过胎盘的抗体，对预防胎儿感染疾病有很大作用。婴儿出生后 3 个月就开始独立合成免疫球蛋白，到2~3岁时，合成免疫球蛋白的能力可达到成人的水平，人40岁以后合成免疫球蛋白的能力开始逐渐下降。免疫球蛋白能同巨噬细胞结合，从而促进吞噬作用的发挥。免疫球蛋白还能与NK细胞结合，促进NK细胞杀伤靶细胞。免疫球蛋白G的四个独门小兄弟虽然功能、本事不同，但都能激活补体经典途径或激活补体替代途径，参与Ⅰ型变态反应。由于免疫球蛋白G在人体免疫方面起着重要的作用，所以，人类不惜投入大量的人力、财力和物力寻找提取或制造免疫球蛋白的方法，提取制造高纯度的新制品。

免疫球蛋白G

现在人类已成功地从正常人体血液中提取出免疫球蛋白[亦称：丙种球蛋白（IMIG）]、静脉注射用免疫球蛋白（IVIG）和特异性免疫球蛋白（HIG）等。给患有免疫缺陷病（原发性低免疫球蛋白血症）和新生儿败血症的患者用上正常人免疫球蛋白或静脉注射免疫球蛋白制剂，会起到立竿见影的效果。据报道，静脉注射免疫球蛋白还有能提高先天性获得性免疫缺陷者所生婴儿存活率的作用。另外，正常人免疫球蛋白对甲型肝炎、麻疹、风疹等患者有治疗作用，对水痘、细菌及病毒感染等的防治，免疫球蛋白类制剂也有一定的疗效。虽然免疫球蛋白制剂的用途十分广泛，但它的作用也仅局限在增强患者对疾病的抵抗力和增加人体免疫力方面，起被动的免疫作用。

免疫球蛋白类制剂属于被动性免疫制剂，对人体有利，但也有弊。所以，一定要在专科执业医师的指导下使用，千万不能盲目的作为补药或安慰剂去使用，以免造成不良后果。另外，免疫球蛋白类制剂也是一种蛋白质，它进入人体后是以完全抗原的形式存在的，分解缓慢、半衰期较长，如果长期依赖性使用，会刺激患者的机体引起变态反应性疾病，如荨麻疹、支气管炎、哮喘、枯草热等，重者甚至会引起过敏性休克。目前，使用的免疫球蛋白制剂，主要是人血制品。因此，值得注意的是，只要是人血制品，就存在着传播输血性疾病的可能和危险。所以，使用时一定要谨慎。

现阶段，免疫球蛋白制品主要是从人血浆中提取，如果没有足够的人去献全血或献单采血液成分，就没有生产各种血液制剂所需要的原料，也就没有充足的免疫球蛋白类制剂供医疗临床救治和防疫。因此，在倡导科学、合理、安全和节约用血的同时，还要鼓励广大符合献血条件者积极地投身到志愿无偿献血的行列，捐血救人，奉献爱心。

第十二章　血型探密

人类的血型是存在于人体细胞表面的遗传标记。随着科学的普及和人类的文明进步，人们对血型方面的知识了解越来越多，知道根据父母的血型，就能推算出子女的血型；意识到人类的遗传、健康、优生优育和性格等都与血型有关等。

其实，大多数人对血型的了解，仅仅是对人类的红细胞血型中的 A、B、O 系统血型和 Rh 系统血型有一知半解的了解；并不知道除了 A、B、O 和 Rh 两个血型系统，六种血型之外，红细胞血型还有 31 个系统，500 多种血型；也还不知道血型不是人类所独有的遗传标记，大自然中的猪、牛、羊、鸡、狗、猫等许多动物的机体内也存在着血型遗传标记；更不知道从广义上讲，人类的血型不但有红细胞血型，还有白细胞血型［人类白细胞抗原或称组织相容性抗原（HLA）］、血小板血型、血清及酶型。

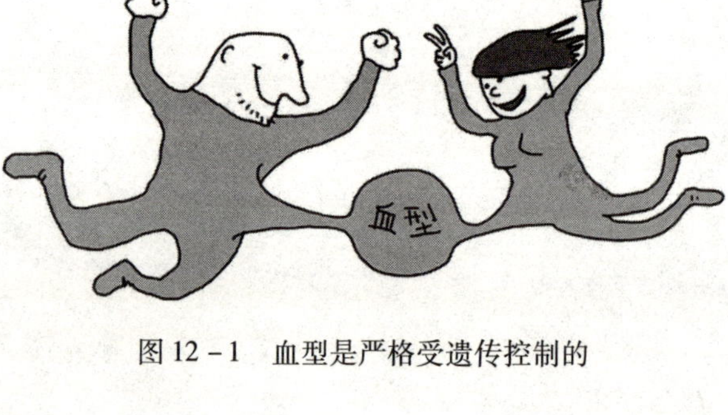

图 12－1　血型是严格受遗传控制的

血型是人类自然免疫防御机制之一。除了人体免疫系统对其自身的识别作用外，还无法解释大部分血型抗原的生物学意义。目前，已发现血型抗原有着特定生物学功能，有的是膜结构、有的是转运和通道、酶、补体、黏附因子或受体。血型与人类生命活动的关系至今尚未完全清楚。但它在细胞学、基础医学、临床医学、输血医学（含输骨髓血/造血干细胞和外周血造血干细胞及脐带血）、移植医学、预防医学、遗传学、法医学、社会医学、地理医学、考古学等领域都起着十分重要的作用。随着人类科学技术的发展和输血医学、免疫血液学及生物化学研究的逐渐深入，人类已经发现血型是一种多糖类——蛋白质型的高分子化合物。而且也了解到在各种血型中又被分为数个系统，若干个型。

大家都知道每个人的血型是严格受遗传控制的。遗传的一半来自于父亲，另一半来自于母亲。1956 年，英国学者庄友兴等人发现人体细胞核中的染色体为 46 条，之后人们又发现每一条染色体上都有很多基因，这些基因严格地按一定顺序排列在染色体上，每个基因都有各自特定的基因位点（位置），每个基因都记载着不同的遗传信息，它们直接或间接地决定一定的遗传性状。曾有人估算过，染色体上的基因数有 10 万个之多，血型基因只是其中的一部分，就是这些存在于细胞核染色体上的基因，控制着每个人的血型，决定着人与人之间的血型差异。

第一节 红细胞血型

红细胞血型是人类发现最早，而且是与输血和免疫学关系最为重要的血型。19 世纪末，在奥地利维也纳大学工作的病理医生卡尔·兰德斯坦纳在研究发热患者血清中的溶血素时发现，这些溶血素能溶解正常人的红细胞。兰德斯坦纳同时注意到正常人血清中存在一种凝集素，这种凝集素能凝集其他人的红细胞。于是，他在1900年发表的一篇论文中描述了这种凝集现象，并推论在人类的红细胞中可能还存在着不同的抗原。为了证实这一推论的正确，他开始用自己及同事的五份血样做实验。首先将每个人血样进行红细胞和血清的分离，做成血清和红细胞盐水悬液，然后再将五份血清分别与每个人的红细胞盐水悬液混合，从而发现有的红细胞发生了凝集反应，另外一些红细胞没有发生凝集反应。他又重复做了十几份血样实验，结果证明前面的实验现象不是偶然的。兰德斯坦纳不但发现了三种不同的反应类别，还证明了红细胞与血清反应的态势是完全相反的。1901年，卡尔·兰德斯坦纳将他们的试验结果发表在《维也纳医学杂志》上，从此就诞生了红细胞血型中的A、B、O三种血型。当时没有报道红细胞的AB型，这是因为白种人中AB型的比例较低（大约占人群比例的3%～5%），而在兰德斯坦纳的22个实验对象中，恰巧没有AB型的人。所以，当时也就没有发现红细胞中还存在着AB型。此后，卡尔·兰德斯坦纳和他的学生阿瑞德·斯特沃利在原来的基础上又增加了实验对象的数量，才又发现了红细胞的AB型。这项研究成果，被后来人规范为A、B、O系统血型，包括A型、B型、O型和AB型四种红细胞血型。

A、B、O系统血型的发现，不但解开了自布兰德尔以来因为输血造成的死亡恐惧之谜，还为后来血液事业的发展奠定了理论基础。A、B、O血型的发现，不仅打开了免疫血液学和免疫遗传学的大门，也为后来临床安全、有效地输血铺平了道路。A、B、O血型的发现，大大地推动了外科学、急救医学、血液学、遗传学、免疫学、人类学、法医学以及生物技术等领域学科的发展。卡尔·兰德斯坦纳也因其发现A、B、O系统血型获得了1930年诺贝尔医学奖。此后，他们又发现了红细胞上的MN、P、Rh等许多种血型，对人类血型学的研究做出了巨大的贡献。

因此，卡尔·兰德斯坦纳获得诺贝尔奖，并被后人誉为“血型之父”。

到目前为止，人们已经检出的人类红细胞血型抗原有500多个，已经被国际输血协会红细胞血型命名专业组确认的有200多个，并被分类为30多个红细胞血型系统。但是，在这500多个血型抗原、30多个红细胞系统血型中，抗原性最强、临床意义最大、与输血安全关系最密切、应用最广泛的血型还是A、B、O和Rh两个系统的血型。

一、A、B、O系统血型

人们都知道有A、B、O和AB型血。甚至还有人说：O型血者是“万能供血者”，AB型血者是“万能受血者”。这种O型血者是“万能供血者”的学说，是欧特·恩伯格最早提出的，在20世纪三四十年代曾风行一时。现在人们发现这种“万能血”并不万能。特别是在临床输血的过程中，如果人们只知道供血者是O型，既不知道受血者是什么血型，也不知道供者和受者双方的血液是否相容（相合），甚至连患者以往是否输过血，是否接受过非自体血液或非自体组织制剂免疫，以及连其是否妊娠过等都不清楚。在这种情况下，使用“万能血”是十分危险的。在血液免疫学中，血型物质被分为抗原和抗体，当红细胞缺乏A或B抗原时，血清中有规律地出现相应的抗－A或

图12－2　A、B、O系统血型

抗 - B（表 12 - 1）。如果不进行 A、B、O 血型交叉配血，甚至不做受血者 A、B、O 系统血型检查就输血，大约有 1/3 的输血是不相容的，甚至会发生输血反应，严重时会导致受血者死亡。因此，在临床输血时，不但要对供血者和受血者双方进行 A、B、O 血型的正反定型，而且，在输血前还要用供血者的红细胞和受血者的血清/浆，用受血者的红细胞和供血者的血清/浆进行相容性交叉配血试验，只有在主侧和次侧均相容时方可进行输血，不相容者的血液绝对不能输用。同时还必须严格地遵守 A、B、O 系统和 Rh（D）阴性血型同型输血的原则。所谓输“万能血”的做法不可取，更不宜宣扬，应尽可能予以禁止。

表 12 - 1　A、B、O 血型系统中的抗原和抗体一览表

血型	亚型	红细胞上的抗原	血清中的抗体
O	-	无①	抗 - A
			抗 - A_1
			抗 - B
			抗 - A_1B②
A	A_1	$A + A_1$	B③
	A_2	A	
B	-	B	抗 - A
			抗 - A_1
AB	A_1B	$A + A_1 + B$	没有③
	A_2B	$A + B$	

注：①除极少数例外，人红细胞含有 H 抗原，H 抗原的量受 A、B、O 型的影响，O 型细胞最多，A_1B 型细胞最少；②不可分离，交叉反应性抗 - A、B；③在白种人中 1% ~8% A_2 型和 25% A_2B 型人血清中含抗 - A_1，据调查我国汉族人 A_2 或 A_2B 型血清中含抗 - A_1 者少得多，A_1 和 A_1B 型人偶尔血清中含抗 - HI。

在遗传学方面，A、B、O 血型系统的基因遗传位点也与其他血型系统不同。人类的 A、B、O 血型是由于红细胞抗原的差异，这些抗原产生与否分别受控于 A、B、O 基因座上 A、B 和 O 三个等位基因。A 和 B 基因对于 O 基因来说都是显性，A 和 B 是共显性。当母体的卵细胞受精后，两条染色体配对，在 A、B、O 等位基因上，只能产生六种遗传型，即 OO、AA、BB、AO、BO、AB，由于 A、B 基因是显性基因，O 基因是隐性基因，所以 AA、AO 都表现为 A 型，BO、BB 都表现为 B 型，加上 O 型（O，O）和 AB 型（A，A）共有四种表现型，即 A、B、O、AB 四种型别（表 12－2、表 12－3）。

表 12－2　A、B、O 血型遗传方式一览表

卵子 精子	O	A	B
O	OO	AO	BO
A	AO	AA	AB
B	BO	AB	BB

表 12－3　A、B、O 血型及其相应的遗传式一览表

血型（表现型）	遗传式
A	AA，AO
B	BB，BO
O	OO
AB	AB

通常人们可以根据父母的 A、B、O 系统血型，推算出子女的 A、B、O 血型可能是哪一种血型，不可能有哪种血型（表

12－4，表12－5）。

表12－4　A、B、O血型系统中父母与子女及遗传关系一览表

父母的血型	子女可能有的血型	子女不可能有的血型
A＋A	A、O	B、AB
A＋B	O、A、B、AB	无
A＋O	A、O	B、AB
A＋AB	A、B、AB	O
B＋B	B、O	A、AB
B＋O	B、O	A、AB
B＋AB	A、B、AB	O
O＋O	O	A、B、AB
O＋AB	A、B	O、AB
AB＋AB	AB、A、B	O

表12－5　根据母亲和子女的A、B、O血型推算父亲不可能有的A、B、O血型

父亲不可能有的血型 / 子女血型 / 母亲的血型	O	A	B	AB
O	AB	O、B	O、A	－
A	AB	＋	O、A	O、A
B	AB	O、B	＋	O、B
AB	－	＋	＋	O

注：“－”母子不可能有的配合。“＋”没有可以否定的血型。

但是，值得注意的是，到目前为止，国内外陆续报道了数个：“O型、AB型的夫妇生育O型或AB型的小孩”以及“夫妇均为O型生育B型的小孩”等罕见的家系，在DNA多态性分析结果显示不能排除或肯定其亲子关系的家族成员中，A、B、O血型与孟德尔遗传规律出现了矛盾，即出现了表中排除亲子关系的情况。造成A、B、O血型的遗传与孟德尔定律相矛盾主要是因为家庭成员的特殊遗传方式，A型和B型基因位于一条染色体上，两个基因能同时从父亲或母亲一方继承和同时遗传给子女。

A、B、O表现型的分布在不同区域、不同人群和不同的民族有所不同。例如，北京人口中，B型多于O型和A型；上海人口中，A型多于O型和B型；两广人口中，O型多于B型和A型；东北人口中，B型多于A型和O型；各地及各民族人口中，AB型均为最低。我国部分省、市A、B、O血型分布情况见表12－6，中国部分民族A、B、O血型分布情况见表12－7。

表12－6　中国部分省、自治区、直辖市A、B、O血型分布情况一览表

地区名称	调查人数	A	B	O	AB	表现特征
		(%)				
北京	39 626	27.5	32.3	30.5	9.7	B最高，O高于A
上海	40 980	31.3	28.1	30.9	9.7	A最高，O高于B
河南　河北　山东 山西　陕西　内蒙古 甘肃　青海　辽宁 吉林　黑龙江	74 286	26.3	33.1	31.3	9.3	B最高，O高于A
湖南　湖北　四川	21 903	34.5	23.2	33.8	8.5	A最高，O高于B
江苏　浙江　安徽 江西　福建	40 258	30.3	26.8	34.2	8.7	O最高，A高于B
广东　广西	12 545	25.9	27.2	38.3	8.6	O最高，B高于A

表 12－7　中国部分民族 A、B、O 血型分布情况一览表

调查民族	调查人数	A	B	O	AB	特　征
		(%)				
汉　族	28 467	28.2	32.1	29.9	9.8	B 型最高，O 高于 A
满　族（内蒙古和黑龙江）	285	21.7	33.9	36.6	7.8	O 型最高，B 高于 A
回　族	1 355	27.2	28.4	35.9	8.5	O 型最高，B 高于 A
壮　族	1 487	21.3	27.6	47.2	3.9	O 型最高，B 高于 A
白　族	500	34.0	23.4	31.4	11.2	A 型最高，O 高于 B
傣　族	507	22.1	29.6	40.4	7.9	O 型最高，B 高于 A
佤　族	520	38.5	21.5	26	14	A 型最高，O 高于 B
彝　族	1 007	28.1	30.1	33.2	8.1	O 型最高，B 高于 A
苗　族	501	19.4	41.1	36.6	3.4	B 型最高，O 高于 A
蒙古族（内蒙古和黑龙江）	8 240	24	32	34	10	O 型最高，B 高于 A
锡伯族	344	25	40	24.5	10.5	B 型最高，A 高于 O
景颇族	201	31.8	20.4	37.8	7	O 型最高，A 高于 B
朝鲜族（内蒙古）	215	31.6	23.3	36.3	8.8	O 型最高，A 高于 B
鄂伦春族（内蒙古）	267	20.6	31.5	38.2	9.7	O 型最高，B 高于 A
鄂温克族（内蒙古）	392	19.5	21.6	56.6	2.3	O 型最高，B 高于 A

续表

调查民族	调查人数	A	B	O	AB	特　征
		(%)				
达斡尔族（内蒙古）	101	30.7	34.7	25.7	8.9	B 型最高，A 高于 O
维吾尔族	1 513	29.2	31.9	27.5	11.4	B 型最高，A 高于 O
哈萨克族	885	22.8	29.8	38	9.4	O 型最高，B 高于 A
塔塔尔族	37	40.5	35.2	21.6	2.7	A 型最高，B 高于 O
乌孜别克族	129	25.6	38.8	25.6	10	B 型最高，A 与 O 同
柯尔克孜族	124	18.5	39.5	31.7	7.3	B 型最高，O 高于 A
纳西族（云南丽江）	167	30.1	17.1	42.7	10.1	O 型最高，A 高于 B
藏族（云南中甸县）	3 434	29.6	28.6	31.7	10.1	O 型最高，B 高于 A

二、Rh 系统血型

Rh 系统血型是红细胞血型中最复杂，也是在临床上十分重

图 12－3　Rh 系统血型

要的一个血型系统。它之所以被认为在临床上很重要，是因为大多数 Rh（D）阴性的人经过一次获得 Rh 因子免疫后即可产生抗－Rh（Rh 抗体）。Rh 因子可以通过输血或妊娠进入 Rh（D）阴性人的血液循环内，使 Rh（D）阴性者获得免疫产生抗－Rh，这种抗－Rh 对于 Rh（D）阴性者，特别是 Rh（D）阴性的女性，不论是再输 Rh（D）阳性红细胞还是再妊娠 Rh（D）阳性的孩子，都具有十分严重的危险性。

Rh 血型是用一种恒河猴英文名字的前两个字母命名的。1940 年前后，兰德斯坦纳和同事威纳在做动物实验时，意外地发现把印度恒河猴的红细胞重复注入豚鼠或家兔的腹腔内，被注射了恒河猴红细胞的豚鼠或家兔会产生免疫反应，在被注射了恒河猴红细胞的豚鼠或家兔的血清中产生了一种特殊物质（抗体），这种物质不但能够凝集恒河猴的红细胞，而且还能使大部分人类的红细胞发生凝集。这种凝集物被称为 Rh 因子（D 抗原）。凡是红细胞中含有 Rh 因子（D 抗原），就被称为 Rh（D）阳性血型，反之称之为 Rh（D）阴性血型。白种人中约有 15% 为 Rh（D）阴性；在黑人中 Rh（D）阴性者约占 4%；蒙古人中 Rh（D）阴性者不到 1%；中国新疆的维吾尔族、哈萨克族、锡伯族、乌孜别克族和柯尔克孜族中，Rh（D）阴性者约占 1%；汉族人口中 Rh（D）阴性者约占 0.2%～0.5%，广西、云南少数民族中 Rh（D）阴性比例低于汉族。

1939 年，德国莱恩医生等人遇到一名分娩一死婴产后大出血的患者，在给她输血的过程中，发生了一种当时认为是非常奇异的现象，该产妇 A、B、O 系统的血型为 O 型，恰巧产妇丈夫的 A、B、O 系统的血型也是 O 型。医生们就将产妇丈夫的血液输给了产妇，可是，该产妇输用了与她 A、B、O 同型丈夫的血液后，发生了严重的溶血性输血反应，产妇险些送命。学者们对此现象进行了研究。他们用这位产妇的O型血清，与104个O型人的血液做凝集试验，结果有83个O型人的血液与这位产妇的血清发生了凝集反应，其余21人的血液与产妇的血清不发生凝集反应。人们意识到，这位产妇的血清中存在着与A、B、O血型系统不同的某种血型物质。正在这时，卡尔·兰德斯坦纳向世人宣布他们又发现了一个新的人类红细胞系统血型。德国学者们用抗-Rh与那位产妇的红细胞做试验，结果那位产妇的红细胞不被凝集，那位产妇被确定为：红细胞A、B、O系统血型为O型，Rh系统血型为D阴性，而那位产妇丈夫的血型则被确定为红细胞A、B、O系统血型为O型，Rh系统血型为D阳性。继而发现那位产妇的血清能凝集丈夫的红细胞，说明产妇的血清中存在着抗-Rh（Rh抗体）。这是人类发现的第一例Rh抗体，也是由于妊娠产生的同种免疫作用的第一例报告。通过家系调查证明了决定一个人是Rh（D）阴性，还是Rh（D）阳性的是D抗原，而D抗原的存在与否是由遗传决定的，在人体内控制产生D抗原的基因是常染色体上的显性基因。Rh基因位于第一对染色体上，除少数人外，凡带有D基因的人，其红细胞上都可带有D抗原。以D抗原区分Rh阳性或Rh阴性。红细胞Rh血型系统有5个抗原，即C，c，D，E，e，它们在染色体上分别占据2个基因位点，C与c对称，D与缺失D抗原（俗称d抗原）对称，E与e对称。2个基因位点沿染色体长轴呈直线排列，顺序是-D-C-E。在一个染色体上相邻的基因遗传时分不开（称连锁基因或镶嵌体），一起传给第二代。位于第一对染色体上的Rh血型基因，一条来自于父亲，另一条来自于母亲。由于Rh血型系统中6种抗原成分的不同，就形成了不同的Rh型别。人类的Rh血型可有36种遗传形式（表12-8），除去相同的遗传式，共有27种血型型别。

表 12 -8　人类 Rh 血型的 36 种遗传式

来自母亲的Rh染色体 \ 来自父亲的Rh染色体	cde	Cde	cdE	CdE	CDe	cDe	cDE	CDE
cde	cde. cde	Cde. cde	cdE. cde	CdE. cde	CDe. cde	CDc. cde	cDe. cde	cDE. cde
Cde		Cde. cde	cdE. Cde	CdE. Cde	CDe. Cde	CDe. Cde	cDE. cde	CDE. Cde
cdE			cdE. cdE	CdE. cdE	CDe. cdE	CDe. cdE	cDE. cdE	CDE. cdE
CdE				CdE. CdE	CDe. CdE	CDe. CdE	cDE. CdE	CDE. CdE
CDe					CDe. CDe	cDe. CDe	cDE. CDe	CDE. CDe
cDe						cDe. cDe	cDE. cDe	CDE. CDe
cDE							cDE. cDE	CDE. cDe
CDE								CDE. CDE

正常情况下 Rh（D）阴性者血清（或血浆）中不含抗 - D 抗体，所以，第一次接受 Rh（D）阳性红细胞（D 抗原）时不会发生凝集反应。在 Rh（D）阴性者血液中可因 D 抗原导致的免疫反应产生抗 - D（抗体），已经产生了抗 - D 的 D 阴性者再接受 Rh（D）阳性红细胞时就会发生凝集反应。如果第一次输入 Rh（D）阳性血液或红细胞制剂的量特别大，Rh（D）阴性者输血后 12 ~ 15 天产生抗 - D，这时十几天前输入的红细胞还有一部分存活在受血者体内，抗 - D 与 Rh（D）阳性的红细胞也会发生溶血反应，此时，临床上常见的症状主要是黄疸，因为是迟发性黄疸，所以很容易被误判为输血性肝炎。但如果认真观察临床症状，再加上实验室检验结果不支持对肝炎的诊断，通过血清学方面的检查可以做出正常的判断。如果对已产生抗 - D 的 Rh（D）阴性者继续输入 Rh（D）阳性血液或红细胞制剂，则可引起溶血性输血反应，而且一次比一次严重。所以，在进行输血前，一定要进行 Rh 血型检查，并要进行交叉配血试验，确认

主侧和次侧均相容时方可输血。

对于育龄期女性来说，在妊娠前进行 Rh 系统血型及抗 - D 抗体的检测，将有利于避免其因抗 - D 抗体所致母婴的溶血病。体内存在抗 - D 抗体的 Rh（D）阴性女性，妊娠了 D 阳性的胎儿时，母亲体内带有 IgG 性质的抗 - D 抗体可以通过胎盘进入胎儿体内，并与胎儿体内的红细胞结合，从而使胎儿的红细胞被破坏。此时可导致流产、早产、死胎或婴儿出生后发生新生儿溶血病。这种新生儿溶血病的严重程度是由抗 - D 抗体的效价（浓度）高低决定的。有时 Rh（D）阴性女性妊娠 Rh（D）阳性胎儿时，母子间 Rh 系统其他因子不合，也可刺激母体产生免疫性 Rh 系统其他抗体，如抗 - E、抗 - C、抗 - c 或抗 - E + c 等，均可引起胎儿发病。例如，母亲 A、B、O 系统为 AB 型，Rh 系统为 CCDee；父亲 A、B、O 系统为 O 型，Rh 系统为 CcDEe，此种情况妊娠时，可能产生抗 - c + E 复合体，可导致胎儿发病。不过在我国 Rh 系统溶血病的发生率要低于 A、B、O 溶血病，而且这类溶血病都可诊治。

三、A、B、O 血型系统与 Rh 血型系统的关系

A、B、O 血型和 Rh 血型是同时存在于红细胞上的两个完全不同的红细胞血型系统。一个人 A、B、O 系统血型可能是 A 型、B 型、O 型或 AB 型，而 Rh 系统血型则只能是阴性或阳性。比如，一对夫妻，丈夫 A、B、O 血型是 A 型，Rh 系统是（D）阳性，而妻子的 A、B、O 血型是 B 型，Rh 系统是（D）阴性，这对夫妻不但 A、B、O 系统血型不同，而且 Rh 系统血型也不同，这样的夫妻在生育子女时，特别是女方第二次妊娠时可能会遇到一定的困难。1939 年，德国莱恩医生等人遇到的那位分娩死婴后大出血的患者，就是在输用了与她 A、B、O 血型同型，但 Rh 血型不同的丈夫的血液之后发生了溶血性输血反应，并险

些送命，因为他们夫妻的A、B、O系统血型是同型，但Rh系统血型，一位是Rh（D）阴性，另一位是Rh（D）阳性，这样的输血仍属于异型输血。

中国汉族人绝大多数为Rh（D）阳性，Rh（D）阴性每千人中仅2~5人。如果将每千人中三个Rh（D）阴性的人，再按表5-7中的中国汉族A型28.2%、B型32.1%、O型29.9%、AB型9.8%的比例计算，每千人中有A型Rh（D）阴性者约0.846人，B型Rh（D）阴性者约0.963人，O型Rh（D）阴性者约0.897人，AB型Rh（D）阴性者约0.294人。也就是说，大约在每1200个中国汉族人中可筛查到一个A型Rh（D）阴性者；大约在每1050个中国汉族人中可筛查到一个B型Rh（D）阴性者；大约在每1100个中国汉族人中可筛查到一个O型Rh（D）阴性者；大约在每3400个汉族人中可筛查出一个AB型Rh（D）阴性者。

第二节　白细胞血型

提到血型，人们首先想到的是A、B、O、AB型，多数人不知道白细胞、血小板以及血清也都存在血型问题。决定血型的是抗原，红细胞的血型抗原多而复杂，白细胞的血型抗原更多、更复杂。1899年，人们就发现将人的白细胞注射到动物体内会产生白细胞抗体，但这一反应在当时并未引起人们的注意。到20世纪50年代末，人们从多次接受了输血的患者和产妇的血液中提取出含有白细胞抗体的血清，用这类血清进行反复试验，并根据试验结果进行家系调查，确认试验所得抗原，结论和分析均符合孟德尔遗传定律，为研究白细胞血型奠定了坚实的基础，从而一段时间白细胞血型成为国际上十分热门的研究领域。1980年，法国科学家达尔赛特等三人，因对主要组织相容性系统研究做出的贡献获得了诺贝尔医学奖。

一、白细胞血型

白细胞血型是因为这类血型抗原首先发现于白细胞而得名，这种抗原是存在于细胞膜表面的糖蛋白分子，因此，被称之为糖蛋白抗原。这类抗原能引起组织各器官移植排斥反应，所以，又被称为主要组织相容性抗原、移植抗原和组织抗原及人类白细胞抗原（简称 HLA）。HLA 是显性等位基因，是起调节免疫作用的基因，可称为组织相容性复合物（MHC），也可称为 HLA 基因。HLA 基因位于人类第六对染色体的短臂上，每条染色体上七个基因紧密连锁在一起组成单倍型遗传。HLA 分为Ⅰ类基因编码 HLA－Ⅰ类抗原和Ⅱ类基因编码 HLA－Ⅱ类抗原。每个基因所决定的抗原都在细胞膜上表现出来，不同细胞上的抗原分子多少也不同。HLA－Ⅰ类抗原分布相当广泛，可见于所有的有核细胞，但在淋巴细胞上密度最高。血清/浆中有可溶性 HLA－Ⅰ类抗原，这可能是由细胞膜新陈代谢所致。成熟红细胞上没有 HLA－A、－B、－C 和－D 抗原，幼稚红细胞却有，年轻红细胞上仅有少量。血小板上面除自身带有 HLA－A、－B 抗原外，它还可以从血清/浆中吸附可溶性 HLA 抗原。HLA－Ⅱ类抗原分布要比 HLA－Ⅰ类抗原小得多，分布密度最高的地方是树突状细胞、单核细胞、一些吞噬细胞亚群及 B 淋巴细胞。HLA－Ⅱ类抗原作为一种分化抗原，表达在不同细胞上，大多数骨髓分化细胞具有 HLA－Ⅱ类抗原。HLA－Ⅲ类抗原有两种特异性，即 Chido 和 Rodgers，这实质上是 C_4 的两种成分。红细胞表面有 C_4 受体，这些 C_4 受体吸附于某种与其相对应的抗原成分，导致细胞定型时有 Chido 阳性和 Rodgers 阳性之分。HLA 抗原由极为复杂的球蛋白构成，其表面高度不规则，含有许多抗原位点。单一的 HLA 基因产物含有几个抗原决定族，以产生不同的同种抗体。临床上 HLA 抗体大多是由于免疫、输血、妊娠或组织及器官移植等原因产生。根据同种表位可以把同种抗体分为仅与一种 HLA 基因产物发生反应的抗体和能与不止一种 HLA 基因产物发生反应的抗体两组。白细胞血型同样严格受遗传控制，不同的是其基因位点和抗原数目很多，构成人体最复杂的基因复合体。因此，可以说：白细胞血型是人体最为复杂的血型系统。

目前，人类白细胞抗原系统是与组织及器官移植关系最密切的、最复杂的多态性抗原系统。HLA 表现型多得惊人，有人统计白细胞血型的数目达上亿种，还有人研究后认为，在世界上要想寻到两个 HLA 完全相同的人，可能性为六十亿分之一。也可以说，在世界上除了同卵孪生的双胞胎同胞外，几乎找不到两个 HLA 完全相同的人。在一个家庭的同胞之间，HLA 完全相同的机会是 1/4，半相同的机会是 1/2；孩子和父母之间总是半相同。因此，从血型学、遗传学和统计学的角度来说，在进行骨髓移植时，如果在受髓者没有同卵孪生双胞胎同胞或同卵孪生双胞胎同胞也不能作为其骨髓移植的供者，而且在父母及其同胞中也找不到骨髓移植供者的情况下，要想从非亲属中找到 HLA 相容（这里指虽然 HLA 不全相同，但是主要 HLA 位点相同，经过技术处理和临床医疗保障，可以作为骨髓移植的供者）的骨髓移植供者，要从数万名的志愿献髓者中进行筛查配型。另有研究表明，HLA 与输注粒细胞和血小板等血液制剂的关系十分密切。在为接受放、化疗的癌症患者和骨髓移植患者提供血小板或粒细胞等血液制剂时也需要先筛选 HLA 配型相容的供者。由此可见，建立非亲缘关系骨髓移植库十分重要。不论是建立非亲缘关系骨髓移植志愿捐献者资料库，还是建立非亲缘关系组织、器官、血小板、粒细胞等志愿捐献者资料库，均需大量健康适龄并热心公益的志愿捐献者积极支持和参与。

二、中性粒细胞抗原

粒细胞是白细胞的一种，有嗜中性粒细胞、嗜酸性粒细胞和嗜碱性粒细胞之分，它们各自具有不同的功能。从遗传学角度讲，粒细胞特异性抗原可分为粒细胞同种抗原和粒细胞异种抗原两种。粒细胞同种抗原表现出遗传多态性，粒细胞异种抗原则属非遗传多态性抗原。粒细胞与人体中其他血液细胞载有 HAB、I、i、U 等抗原及 HLA 抗原。这些抗原都受控于显性遗传基因。中性粒细胞抗原系统的发现与同种免疫新生儿粒细胞减少症有密切的关系。目前，用于检测中性粒细胞抗原的血清，大多数来自患有粒细胞减少症的新生儿或患儿的母亲。

1946 年 5 月 12 日，在美国一个姓 Der 的家庭中诞生了一个男孩，由于发热，这个男孩在出生后的第四天死亡了，而后的 12 年间，这位女士又生了 3 胎，这 3 胎均死于感染或粒细胞减少症。纽约的医生通过白细胞凝集试验证明了这位产妇血清中含有粒细胞特异性抗体，该种抗体是造成新生儿死亡的直接原因。1960 年，Lalezari 等人发现并报道了人类第一例中性粒细胞抗体（NA_1），后来人们又证明了 NA_1 能够凝集大约 50% 白种人粒细胞，随后人们又发现了 B、C、D、E 等粒细胞抗原系统。

中性粒细胞抗原命名，以 N 为字头，A、B、C、D、E 等代表遗传座位，1，2 等数字表示等位基因。由于血清来源的数量受到一定的限制，所以，群体调查资料数较少。从已掌握的资料来看，控制粒细胞抗原的基因，几乎都是一个高频率，似乎说明这种分布格局可能是近代突变的结果。

由于粒细胞输血存在的问题较多，因此，临床中对输注粒细胞的疗效一直有争论。试验研究提示，组织相容性试验可能对同种免疫的受血者有价值。还有人研究并报道了受血者即使没有 HLA 抗体，输注 HLA 相容的粒细胞效果也优于输注 HLA 不同的粒细胞。这说明，采供血机构建立 HLA 相容的粒细胞志愿捐献者资料库，为病患提供 HLA 相容的粒细胞制剂具有一定的临床意义。

第三节　血小板血型

血小板血型是由血小板表面的血型抗原决定的。血小板表面的血型抗原十分复杂，而这些血型抗原又是由遗传决定的。血小板血型抗原通常可分为两大类：一类是存在于血小板膜糖蛋白上的特异性抗原（血小板本身特有的抗原）；另一类是与其他血细胞表面及组织共有的抗原，称为血小板相关抗原。相关抗原主要与红细胞的 A、B、O 血型系统以及人类白细胞抗原（HLA）有关，特异性抗原由血小板特有的抗原决定簇组成，表现出血小板独特的遗传多态性，在其他细胞和组织上不能发现。

血小板特异性抗原是通过检出相应抗体而发现的，具有独特的特异性，并构成血小板膜结构的一部分。1957 年，人们从一名血小板减少症患儿母亲的血清中发现了血小板抗体，处理血小板后，又检出了相应的抗原 $Duzo^a$，这是第一个被发现的人类血小板抗原。后来发现的血小板抗原也都是通过输血、妊娠等同种免疫产生的抗体检出的。血小板特异性同种抗原的命名，是在系统名称前面冠以 HPA（人类血小板抗原的英文缩写），现在已经发现并经国际输血协会确认的血小板特异性抗原有 5 个系统，10 个抗原。而且，这 5 个血小板特异性抗原系统被正式命名为 HPA1—HPA5。由于血小板悬液常混杂大量白细胞，血小板抗体常伴有白细胞抗体，因此，难以确认血小板抗体在输血反应中所起的作用。多次输血的患者血小板存活力可逐渐缩短，可能是患者体内产生了血小板抗体所致。

实验表明，白细胞抗原和白细胞抗体的存在直接影响着血小板制剂的输注疗效及副反应，因此，去除血小板制剂中的白细胞及血小板表面的白细胞抗原对预防血小板输注无效及副反应有着重要意义。

血小板表面还附有多种红细胞抗原，普遍存在的是红细胞A、B、O系统的A抗原和B抗原，可能是从血清/浆中吸附上去的。现已证明，输注A、B、O血型不同型，特别是A、B、O血型交叉不相容的血小板时，血小板寿命缩短。特别应该注意的是，浓缩血小板制剂中如果含有高效价的抗－A、抗－B，也可引起溶血性输血反应。据报道，若输注的是A、B、O血型相容的血小板制剂，血小板的回收率为58%～75%，如果输注的是A、B、O血型不相容的血小板制剂，血小板的回收率只有7%～48%。

通常，血小板表面没有Rh抗原。

预防血小板输注后发热、血小板减少性紫癜及血小板输注无效的有效措施是：用血液成分采集机从与患者配型相容的志愿捐血者外周血中收集所需的血小板。若没有条件提供配型相容的机采血小板时，可采用白细胞过滤器输血，可去除99%的白细胞。最理想的办法是建立血小板配型志愿捐献者资料库，为患者提供HLA配型相容、血小板特异性同种抗原相同的血小板制剂。

第四节　血清型和血清酶型

血清是血液的重要组成部分。它是由多种蛋白质、高分子物质、无机盐和水等组成。1955年，人们发现人类的结合珠蛋白具有多态性，表明人类血清中的蛋白质和红细胞、白细胞、血小板等血液的有形成分一样，也有“型”的差别，并称之为血清型。1962年，人们检出拟胆碱酯酶的几种变异体，表明血清中的酶也有“型”，人们称之为血清酶型。由于血清中的酶也是一种蛋白质，所以，可以将其归类于血清型中，称为血清型。

在临床上，人们发现有的患者输注全血或含有血浆（在离体的血液中加入抗凝剂后出现的上清液为血浆）的血液成分后可能产生过敏反应，重则休克，轻则出现荨麻疹。有些过敏性休克是因为输入的 IgA 与受血者血液中的类特异性抗 - IgA 相互作用所致，但也有许多病例原因不明。输注血浆引起重度反应的频率很低，但也不能忽视。

为预防类特异性抗 - IgA 引起的输血反应，采供血机构应收集并建立 IgA 献血者档案，以这种特殊献血者捐献的血液制备新鲜冰冻血浆备用。输注红细胞时，应尽量输用洗涤 3 ~ 6 遍的洗涤红细胞，对防止这类输血不良反应的发生有一定效果。

第十三章 “万能血”不万能

O 型血者是“万能供血者”的学说，是欧特·恩伯格最早提出的，在 20 世纪三四十年代曾风靡一时。随着一次又一次悲惨教训的发生，人们才意识到“万能血”并不万能。盲目地应用“万能血”是十分危险的。

O 型血

20 世纪 30 年代，人们还没有意识到血液必须同型并交叉配型相合才能输注。所以，人们简单地把 AB 型和 A 型划为一类，统一输用 A 型血；再把 B 型和 O 型划为一类，统一输用 O 型血。第二次世界大战初期，人们在战场上采用这种归类方式输血，使许多没死在战场上的伤病员死在了异型输血中。据 1937 年马德里战场统计，在 99 名输用异型血的伤员中有 61 人死亡，死亡率为62%；而在12位多次接受异型输血的伤病员中有11位死亡，死亡率高达91.7%。于是人们放弃了这种按血型归类性输血的方式。但仍有人倡导输注“万能血”。

20世纪初，欧特·恩伯格根据O型血红细胞膜上缺乏A抗原和B抗原的理论，论推可以将O型红细胞当做“万能血”输给A型、B型及AB型血的人，从而人们便将O型血的人称为“万能供血者”，O型的血液也就被人们视为是“万能血”。在第二次世界大战时期，这种做法确实解决了野战外科对血液需求的燃眉之急，但是，也发生了许多输血不良反应，甚至发生了不该发生的死亡。随后，人们反思发现，O型红细胞膜上虽然缺乏A抗原和B抗原，但是，O型血液的血清/浆中含有抗-A和抗-B抗体，这些抗体可致敏或凝集A型、B型和AB型红细胞，引发免疫反应。导致许多输用了这种“万能”的O型血者发生输血不良反应，甚至不该发生的死亡发生了。因此，血型学和血液免疫学专家及相关学者们反复呼吁，必须遵循A、B、O和Rh（D）阴性同型并交叉配血相容的输血原则。

对于急性失血性伤病员来说，输血是一种可以收到“立竿见影”、“枯木逢春”和“起死回生”效果的救治措施。输入带有抗-A和抗-B的“万能血”，当时也许起到应急的作用，但“万能血”中的抗体会在异型受血者体内引发免疫排斥反应。此时，常见的反应是溶血性输血反应，轻者稍感不适，其他症状可不明显；重者可能出现呼吸困难、紫绀、腰背疼痛、腹痛、血红蛋白尿、黄疸等症状，甚至发生休克、DIC（弥漫性血管内凝血）。若患者处在全麻状态下，会出现难以解释的低血压及手术区严重的出血，甚至会因溶血导致微血栓形成，引起肾皮质缺血、缺氧，致使肾小管缺血坏死及上皮细胞脱落堵塞肾小管，肾功能衰竭等，并最终导致患者死亡。

从分子生物学角度来讲。A型人血清/浆中的抗-B和B型人血清/浆中的抗－A，主要是大分子（免疫球蛋白 M，IgM）的抗体，只有 30% 左右的人才同时具有少量的小分子（免疫球蛋白 G，IgG）抗体。女性异型妊娠、异型输血或因其他方式免疫产生的抗－A、抗－B 主要是大分子抗－A 或抗－B，而 O 型人几乎每个人的血清/浆中都有小分子抗－A 或抗－B，过去人们认为 O 型血可以输给非 O 型人的理由是：O 型红细胞不会被抗－A 和抗－B 凝集，O 型血中的抗－A 或抗－B 能被非 O 型物质（游离在血浆中的 A 或 B 抗原）中和（抵消），少量供者的抗－A 或抗－B 可被受血者的血液稀释而不损伤受血者的红细胞。后来的研究表明，A 和 B 的血型物质能中和大分子的抗－A 或抗－B，却奈何不了小分子的抗－A 或抗－B。虽然，输入的 O 型红细胞可以使患者循环血量不足和缺氧状况得到改善，但是，大量小分子抗－A 或抗－B 会迅速地与受血者体内带有 A 或 B 抗原的红细胞结合，使受血者体内原有的红细胞被破坏，产生溶血（溶血是指红细胞损伤或破裂）。当红细胞溶血后，血红蛋白释放到血清中使血清/浆呈弥漫性红色，继而出现血红蛋白尿，甚至呈现酱油（黑色）尿。

第一节 输用“万能血”所致输血反应的实例及分析

【例 1】一成年男性，A、B、O 系统血型为 B 型，为纠正贫血在库存没有同型血的情况下，根据“万能血”的理论，输用了 200 毫升 O 型全血。输血后出现面部发红、两手刺痛、胸闷、气短、发热、体温为 39℃，初步诊断为输血反应，追查原因时测得血清胆红素持续增高（胆红素为血红蛋白经肝脏分解的产物，红细胞被破坏时，血清胆红素会相应增高），血红蛋白浓度进行性卜降（正常情况下，输入红细胞后，受血者的有效血红蛋白浓度应该上升，此患者的血红蛋白浓度下降，表示红细胞被破坏）。由于所输用的O型血小分子抗－B抗体效价（效价是表示抗体浓度的指标）为128，说明所输用的O型血小分子抗－B抗体较多，大量破坏了此B型受血患者体内的红细胞，所以，出现了上述异常症状。最终断定：此反应该是溶血性输血反应。

【例2】一成年女性，A、B、O系统血型为AB型。因产后出血输注AB型全血400毫升，随后在AB型血无库存血的情况下又输注了200毫升的O型全血。输注O型血后不久患者自觉身体不适、腰痛，继而患者排出黑色尿液，尿液化验的检查结果为血红蛋白尿“四个加号”，经对症抢救脱险。经检测该AB型患者输用的O型血小分子抗－A抗体效价为2048，小分子抗－B抗体效价为4096。最后判定，此患者是因为输注了含有高浓度小分子抗－A、抗－B的O型血而导致的严重急性溶血性输血反应。

第二节 输用“万能血”的危险性

近年，偏僻地区及基层仍有个别医护人员倡导输“万能血”，他们认为在紧急情况下为了应急给患者输一点儿“万能血”会起到应急的作用。有相当多的民众热衷于宣传O型血的人是大公无私的“万能供血者”，AB型血的人是自私的“万能受血者”。据有关研究报道，非O型血人输用了O型血或混合血浆后，受血者的红细胞遭受破坏的情况经常发生，并且这种破坏可持续1周之久。混合血浆是指血浆中的血型物质可中和抗－A、抗－B，将O型、A型、B型血浆混合在一起使用。混合血浆中通常可发现效价大于或等于64的小分子抗－A、抗－B，这种血浆输入到非O型人体内时，可使受血者红细胞被破坏，甚至加大感染输血传播疾病的风险。因此，这种混合性血浆制剂早已禁止使用。

曾有人对既无输血史，也无妊娠史的57名O型青年献血者的血液进行检测。发现小分子抗-A、抗-B存在于每个受检者的血清中，效价达128的占33%，效价达64的占67%。如果小分子抗-A、抗-B效价达128的O型血即可引起非O型血者输血不良反应，那么至少有33%的O型血不万能，甚至是危险的“万能血”。

还有人对有妊娠史的O型女性献血者的血液进行了小分子抗-A、抗-B检测，发现她们血清中小分子抗-A、抗-B抗体的效价明显高于同龄又同血型的男性，小分子抗-A或抗-B效价达128的占42.9%，这可能是由于A、B、O异型妊娠（O型血母亲怀有A型或B型胎儿，妊娠期间和分娩时带有A或B抗原的红细胞进入母亲体内，使母亲血中产生相应的小分子抗体）所致。因此，也可以说，42.9%有妊娠史O型女性的血液是危险的“万能血”。为减少输血不良反应，有条件的地方应尽最大努力避免输这部分人的血液及血液成分。

O型血对非O型受血者的危害直到20世纪40年代初才被人们认识，现在规定必须遵守A、B、O和Rh（D）阴性同型相容输血的原则。

第三节 急救状况下的输血

曾有专家指出：如果在紧急情况必须靠输用异型血救命，与其对AB型的人输注“万能”的O型血，不如单独输注A型或B型血。理由是B型或A型血中很少有高效价的小分子抗-A或抗-B。如果此时能选择到小分子抗-A、抗-B效价较低的O型血输注也是安全的。如果必须用异型血来救人，没有实验条件或时间不允许做实验时，最好还是选择输O型的红细胞。但是，应尽量选用那些没有输血史的O型年轻男性捐血者捐献的血液制备的洗涤红细胞。已经输入了大量O型血的非O型伤病员仍需继续输血时，考虑到伤病员体内已经有抗－A、抗－B抗体存在，所以暂时不能输注与伤病员同型的血液，此时宜输入经用生理盐水洗过6遍甚至更多次的O型洗涤红细胞。如果无法得到O型洗涤红细胞，输用经重离心去除了血浆的O型浓缩红细胞或O型添加剂红细胞，或输用O型红细胞加上AB型血浆的混合全血也可以应急，但要特别注意此时千万不要输用O型全血、O型血浆或O型浓缩血小板。

无论在野战环境、大型工程事故现场，还是平时急救情况下，大量提供各种血型的血液已不是主要困难了，人们对献血已不再恐惧，只要急需献血的号召通过各种传媒一发布，大批志愿无偿献血者会奔向指定的献血现场捐血救人。因此，如何解决紧急状况下防止输血相关疾病的传播和保证安全输血，已成为紧急状况下输血中的主要问题。

笔者奉劝大家，不要盲目地传播“万能血”的说法，更不要使用“万能血”。不到万分危急的情况下，千万不要输异型血，更不要输注未经交叉配血相合的血液及血液成分。因为，到目前为止输血始终是一种具有多种风险的，不得已的治疗措施。

第十四章　揭秘骨髓与捐献骨髓及骨髓移植

骨髓是成年人体内制造血细胞的工厂。多年来，由于平时人们很难见到专门介绍骨髓、捐献骨髓、捐献外周血造血干细胞和骨髓及造血干细胞移植方面知识的科普资料，所以非专业人士对骨髓、捐献骨髓及捐献造血干细胞和骨髓及造血干细胞移植的感觉十分神秘和微妙。更不知道如今所说的捐献骨髓，已经不必刺骨抽髓，而是采外周血造血干细胞的成分献血了。希望大家通过阅读本章后，能对捐献骨髓和捐献外周血干细胞有一个比较清楚的了解，明白捐献骨髓就是捐献骨髓血；捐献外周造血干细胞，就是捐机采成分血；骨髓移植，就是输血；外周血造血干细胞移植，就是成分输血。广泛传播捐献外周血造血干细胞知识，动员更多富有爱心的健康适龄者加入到造血干细胞志愿捐献者行列，捐血救人，奉献爱心。

大家都知道，白血病（血癌）和重度再生障碍性贫血等恶性顽疾的最终治疗措施，就是进行有效的骨髓或造血干细胞移植。在21世纪初的中国大陆，每年有数百万患者等待进行骨髓或造血干细胞移植。每年仅白血病新增患者约为数万人，同时，每年被白血病夺去生命的患者约有数万人。虽然在科学技术高度发达、骨髓和造血干细胞移植技术已经十分成熟的今天，进行骨髓和造血干细胞移植已不是一件难事，但是，由于中国是一个多民族的人口大国，政府执行了多年的独生子女政策显效，位于大陆的中国造血干细胞捐献者资料库（俗称中华骨髓库，英文缩写 CMDP）虽已成为亚洲最大的骨髓供者资料库，但仍不能完全满足全球华人对外周血造血干细胞和骨髓血的需求。因此，中华骨髓库任重而道远。

第一节　简便而更安全的外周血造血干细胞捐献

造血干细胞源于骨髓腔中的红骨髓。它是各系血细胞共同的始祖细胞，具有很强的增殖、分化和再生能力。及时地给需要进行骨髓移植的患者输注适量的 HLA 相容的周边（外周）血造血干细胞，可获得与输注骨髓血相同的重建造血和免疫功能的作用。

红骨髓

在正常情况下，人出生以后造血干细胞主要分布于红骨髓中，外周血液中造血干细胞的数量极少。在长期的医疗实践和科研中，人们发现有些因素对外周血液中造血干细胞的数量影响较大。经过试验，人们终于研究出给骨髓或造血干细胞志愿捐献者使用某些药物（造血干细胞动员剂或粒细胞集落因子），可刺激、诱导骨髓释放出大量的造血干细胞到外周血液中，随后再适时用具有采集外周血造血干细胞功能的血液细胞采集机，在外周血液中收集被动员到外周血中的造血干细胞。这一方法具有简便快捷、科学性强、安全程度更高、恢复快、易于操作等优点。

以前，捐献骨髓是用特制的针头穿刺髂骨，从骨髓腔中抽取骨髓血；现在所说的捐献骨髓，通常是先给志愿献髓者或造血干细胞志愿捐献者注射造血干细胞动员剂，使大量的造血干细胞释放到外周血液中，然后在静脉血管进针，通过血液成分采集机在志愿献髓者或造血干细胞志愿捐献者的外周血液中提取造血干细胞。所以，以前叫献骨髓，献的是骨髓血；现在叫献外周血造血干细胞，献的是机采成分献血。以前，人们将捐献骨髓看成是一件十分复杂而恐怖的事；现在，人们视捐献外周血造血干细胞如同在长途汽车上让了一次座，站了几个小时，简单、安全、平常而自豪。这一重大的变革，有效地促进了骨髓移植技术的推广。

目前，影响外周血液造血干细胞或骨髓血捐献推广和普及应用的原因，与制约骨髓移植发展的原因并存，仍然是寻找 HLA 配型相合供者困难的问题。而建立和完善志愿献髓者资料库的技术、政策和机构方面已经十分完善而成熟，关键是经费相对不足和宣传及招募方式有待优化和统一的问题。因此，建立一个检索即能找到配型相容的供者，配型相合即能义无反顾地实施捐献的、高效的造血干细胞志愿捐献者资料库任重而道远，需要全社会的共同努力。

一、造血干细胞的采集方法及步骤

1. 入库

当申请捐献造血干细胞者填写了《志愿捐献造血干细胞申请书》和《造血干细胞志愿捐献者登记表》及相关资料，并留下用于进行 HLA 分型等项目检测用的血样后，资料库相关部门会在适当时机组织实验室等部门对血样进行资料入库前的 HLA 分型和可经血液途径传播疾病等相关项目的检测，然后将符合标准者的检测数据等信息资料录入造血干细胞志愿捐献者资料库中等待检索配型，这样申请捐献造血干细胞者才真正成为资料库中的一名造血干细胞志愿捐献者（亦称造干志愿捐献者或志愿献髓者）。此后，造血干细胞志愿捐献者必须与资料库相关部门或其分支机构保持电话号码、QQ 号、电子邮箱和通信地址等联络方式的更新，以保持联系顺畅。

2. HLA 初配相合

当中华骨髓库数据中心检索到某位造血干细胞志愿捐献者与需要进行造血干细胞移植患者 HLA 配型相合（通常称：初配相合）时，资料库管理中心相关部门或其分支机构的工作人员就会通知为该患者申请检索的医院及其经治医生，并与配型相合的造血干细胞志愿捐献者取得联系，向该位造血干细胞志愿捐献者说明情况，并询问其身体健康情况及是否愿意继续履行捐献造血干细胞的承诺，对身体健康状况符合捐献条件并愿意继续履行捐献承诺的配型相合者展开再动员等系列工作。

3. 高分复核配型和体检

若配型相合的造血干细胞志愿捐献者自觉身体状况良好，并愿意继续履行捐献造血干细胞的承诺，中华骨髓库相关部门或其分支机构即组织对该造血干细胞志愿捐献者与相对的患者进行 HLA 高分辨配型检测，高分辨配型仍然相合，即对该志愿捐献者进行必要的体格检查，体检合格后由资料库相关部门或其分支机构将再动员及体检合格等情况通知给为患者申请配型的医院及其经治医生，制订采集和移植计划。

4. 注射动员剂

采集和移植计划制订出来后，移植医院和资料库管理中心相关部门分别根据计划同时进行造血干细胞采集和移植准备。造血干细胞志愿捐献者需提前 4 ~ 5 天接受注射造血干细胞动员剂，并接受采集单位的监护。在美国第 1 针之后的动员剂由捐献者自己在家注射，采集当日早晨自行到采集中心。

5. 采集

外周血造血干细胞的采集就像采机采血小板一样，只是采前需要注射动员剂和针头保留在血管中的时间比采血小板要长一点，处理（分离）的血量多一点，留出来的成分不同而已。若患者是儿童，体重比较轻，需要移植的造血干细胞数量相对较少时，一般采一次，留出50～200毫升左右造血干细胞悬液即可；若患者是成年人，体重较重，需要造血干细胞的量相对较多，通常需分两次采集（连采两天）留出总量一般在100～300毫升左右。采集过程中体质相对较弱者可能会有口唇、四肢麻木，腰酸背痛、疲倦感等，拔针后稍微活动症状即会消失。

6. 观察

采集结束拔针后，按医生要求稍许观察和休息，无异常症状即可下床活动。注意事项与捐献机采血小板的注意事项基本相同。

7. 复查

按医生要求进行复查性体检。

8. 随访和表彰

医生会定期对捐献者进行随访，督促捐献者及时复查；表彰方面，《全国无偿献血表彰奖励办法》（2009年和2014年修订）规定，授予捐献造血干细胞者“无偿捐献造血干细胞奉献奖”荣誉称号，一般每两年表彰一次。

二、造血干细胞的移植方法

外周血造血干细胞的输注与骨髓血或骨髓造血干细胞混悬液的输注基本相同。可参阅本章第三节“神奇的骨髓移植”中的相关内容。

第二节　神秘的骨髓

骨髓是充满于骨髓腔内一种软组织，有红骨髓和黄骨髓之分。人在胚胎时期，骨髓腔中充满的都是红骨髓，具有强大的造血功能。成年后，红骨髓主要位于长骨的骨骺端、椎骨体和扁骨内。其他部位的骨髓腔则主要由脂肪细胞组成的黄骨髓所替代。人出生后红骨髓开始承担人体的主要造血任务。体重为50千克的正常成年人体内的骨髓总量约为2000~3000克。正常人体红骨髓中的造血干细胞十分丰足，具有强大的再生能力，而且平时只有5%的造血干细胞参与维持人体正常生命活动所需血液细胞的制造，另外的95%造血干细胞处于静止休眠状态。当人体大量失血或因捐献骨髓而使活动中的骨髓造血干细胞数量减少时，部分处于静止休眠状态（值二线班）的造血干细胞会马上行动起来参加造血活动。存在于人体长骨骨髓腔中的黄骨髓虽然平时不承担造血任务，也不具备造血功能，但它仍保留着造血的潜能，一旦机体需要，黄骨髓会马上转变成红骨髓参与“造血大会战”。所以，人们称红骨髓为人体的造血“工厂”。

红骨髓是成年人体内制造各类血液细胞的“工厂”。储存于红骨髓中的造血干细胞是生成各种血液细胞的原始细胞，各类血液细胞由它分化产生，然后经过原始阶段和幼稚阶段，最后达到成熟。红骨髓由网状组织和血窦构成，网孔中充满了能转化成各种血液细胞的造血干细胞（亦称多能干细胞或原始血细胞）和处于各种不同阶段的血液细胞、浆细胞和巨噬细胞等。网状组织是血液细胞生长发育的微环境。血窦窦壁衬有内皮，内皮间有明显的间隙，血窦周围发育成熟的红细胞和白细胞穿过内皮间隙进入血窦腔内，然后在血窦腔随着血流进入血液循环中。红骨髓是成年人的主要造血器官，它能生成红细胞、粒细胞、单核细胞、血小板及部分淋巴细胞。健康成人的骨髓每分钟能造出1700万个成熟的红细胞，一个体重为50千克的健康成人，一般每天生成的红细胞约为16~20毫升。人体骨髓有强大的代偿功能，在强烈刺激下，骨髓造血功能可增至正常时的6~8倍。根据造血细胞动力学估算：一般情况下，一个体重为50千克的健康成人每天生成

20×10^{10}个红细胞，11.5×10^{11}个粒细胞，12×10^{11}个血小板，这些血液细胞的总重量约为200克。即一个体重为50千克的健康成人每年新生的血液细胞约为73千克，相当于其自己体重的1.5倍。

红骨髓是成年人制造红细胞的唯一器官。促红细胞生成素可影响红骨髓对红细胞的生成。实践证明，缺氧能促进红细胞的生成，不论是因空气中氧分压低（如在高原居住）还是贫血所致的血氧含量降低，都能促使红骨髓加速生成红细胞。科学研究发现，大量失血、重度贫血或处于低压低氧状态下，人的血浆中都含有一种能够使红细胞增多的物质，这种物质就是促红细胞生成素。缺氧的刺激会使肾脏产生一种红细胞生成酶，红细胞生成酶作用于血浆中的促红细胞生成素原，使它转化为促红细胞生成素。促红细胞生成素再由血液运送到骨髓，促使骨髓中的原始血细胞分化成为原红细胞，并促使其进一步成熟。当肾脏发生严重病变时，促红细胞生成素的生成发生障碍，也会引起贫血。

成年人红骨髓还可以产生各种粒细胞、单核细胞及部分淋巴细胞。当红骨髓制造粒细胞的功能受抑制时，可引起血液中粒细胞的减少。

血小板也由红骨髓生成。血小板除了与各种组织糙面接触而破碎外，主要是在网状内皮系统（如脾脏）内被吞噬掉。当脾脏过度增生产生脾功能亢进时，就会大量吞噬血小板，从而造成血小板数减少，表现出易出血的倾向。

第三节　神奇的骨髓移植

当骨髓受到损害或骨髓的造血功能因某种因素受到抑制时，外周血内的红细胞、粒细胞和血小板等血液细胞都会相应减少，临床上把骨髓造血功能受到抑制引起的贫血称为再生障碍性贫血。若骨髓造血系统受到刺激，长期使大量的幼稚白细胞释放到外周血中，导致人的免疫和抵抗力下降，容易出血等，称为白血病。如果骨髓因疾病、放疗或化疗等因素受到损害，造血功能长时间得不到恢复，采用物理和化学治疗手段都不能收到理想效果，就只能依靠进行骨髓移植的方法来再造骨髓，重建骨髓造血功能。目前，可以通过骨髓移植治疗的疾病达70多种，骨髓移植应用范围越来越广。

所谓骨髓移植，是将一个与需要重新建立造血功能的患者白细胞抗原（HLA）相容的健康人或患者自己骨髓腔内存有大量含有造血干细胞的骨髓血抽出适量，经过滤及分离等提纯处理后，再通过静脉输注（植入）到患者体内，使其“反客为主”，生长繁殖，从而达到重建造血和免疫功能之目的。确切地讲：“骨髓移植”应该叫做造血干细胞移植。因为，造血干细胞是生成人体内大部分血液细胞的“种子”，从骨髓血混合液中分离提纯制得的造血干细胞悬液中含有大量的骨髓造血干细胞，因此，向骨髓已失去造血功能的患者体内输注自体的或经HLA配型相容的志愿献髓者的造血干细胞悬液，是在患者体内播种造血的“种子”，等于是再造骨髓，重建造血和免疫功能。由于骨髓移植时是通过静脉将骨髓血或造血干细胞悬液输注到人体的，所以说：骨髓移植的过程就是输血的过程。“骨髓移植”实际上就是造血干细胞移植。

20世纪50年代末60年代初，人们开始施行骨髓移植术时，血液成分单采术还没有广泛应用，血液成分采集机尚未诞生，人们没有意识到骨髓移植属于输血范畴；此外，由于大多数造血干细胞都在红骨髓中，只有极少数（若以CD34抗原阳性细胞为标志，周边血液内只有不到0.01%的造血干细胞）不安分的调皮分子会“游逛”到外周血液中，随血液循环到处“游逛”；早期用于骨髓移植的造血干细胞都是从志愿献髓者的骨髓血中分离纯化获得的，因而这种抽取骨髓血混合液和输注骨髓血或骨髓造血干细胞混悬液的方法，就被人们称为“骨髓移植”。实际上就是输血中的一种，叫骨髓血或输注造血干细胞。

一、骨髓的抽取方法

（1）抽取骨髓血混合液（简称骨髓血）前，志愿献髓者应于抽髓手术1周前接受全面而详尽的体格检查，经体格检查合格后进入献髓的准备阶段，并接受监护。

（2）对于一次抽取骨髓血量超过800毫升者，在抽取骨髓的7天前或者2周前需预先抽取一定量（根据抽髓量决定贮血量和采血的次数）的自体全血贮存起来，以备抽取骨髓血后进行自体血液回输，以补充血容血，预防失血性反应。

（3）抽取骨髓血需在严格消毒过的手术室中进行，对献髓者施以全身麻醉，然后由受过专业训练的医师用特制的穿刺针在献髓者臀部两侧的髂骨后缘处进针抽取骨髓血。抽取的数量和次数一般根据受髓者的体重、所需造血干细胞的数量以及献髓者的体重和身体状况而定。通常，抽取骨髓血的数量为400~1200毫升（正常范围为：献髓者每千克体重可抽骨髓血10~20毫升；一般少儿受髓者需400~600毫升，成人受髓者需500~1200毫升）。

（4）将抽出的骨髓血装入四联血袋中，立即送到血液成分分离室，由专人实施过滤处理和分离，提纯后的骨髓造血干细胞细胞混悬液储存待用。

（5）还输预先储存的志愿献髓者自己的血液，以补充因捐献骨髓血导致的血容量不足，预防失血反应。

（6）将献髓者从手术室移到观察室进行监护，身体恢复，伤口无感染即可离院。

（7）按医生要求进行复查性体格检查。

二、骨髓的植入方法

（1）患者在接受骨髓移植前需住进无菌病房，先用大剂量化学药物及放射线将患者体内原有的骨髓造血干细胞细胞全部破坏，即毁灭（扫荡）性清髓处理，以预防或减少移植后的排斥，使献髓者的造血干细胞在患者体内存活下来，重建骨髓造血功能。由于患者此时处于相当脆弱、危险的状态，需要特别小心地监护，以防止发生大出血和严重感染等危及生命的现象出现。

（2）在骨髓移植时，将 HLA 配型相容的骨髓血过滤制成造血干细胞混悬液盛于血袋中，置于室温后需在 3 小时内输注到受髓者体内。

（3）由于骨髓移植存在移植物抗宿主病及感染并发症等问题，一般植入的造血干细胞仅有 30% ~50% 能长期存活下来，因此，进行异基因骨髓移植时输入受髓者体内有核细胞的数量每千克体重不能少于 $2\times10^8 \sim 4\times10^8$，自体骨髓移植时还输的有核细胞的数量每千克体重不能少于 $1\times10^8 \sim 2\times10^8$。

（4）一般输入造血干细胞混悬液后，需两周时间才能看到植入成功的迹象。移植后受髓者体内白细胞数量的升高，提示植入的造血干细胞已经开始制造新的血液细胞。之后白细胞会持续上升，接着会产生新的血小板和新的红细胞（受髓者的 A、B、O 血型与献髓者相同），当最终验证植入的造血干细胞已开始全面发挥功能，而且不存在感染迹象时，就可将受髓者从无菌病房转移到普通病房。待受髓者机体一切都恢复到正常水平时，即可出院，恢复正常的生活。但此时机体抵抗力相对较差，需特别注意保重身体，预防感冒等易感疾病。尽量不要参加大型聚会，避免不洁的生活环境，生活要有规律、营养要适中，保证充足的睡眠。

三、招募骨髓供者及骨髓供者资料库的建立

要进行骨髓或造血干细胞移植，首先要招募（寻找）与患者 HLA 相容的造血干细胞捐献者。但是，由于人类 HLA 具有复杂的遗传多态性。白细胞抗原的数量多达上亿种（具体数量目前尚无定论）。而在这个世界上除了同卵孪生的同胞兄弟姐妹外，两个人 HLA 完全相同的可能性约为同种族的六十亿分之一。因而骨髓移植最难的是寻找 HLA 相容而健康的造血干细胞捐献者。近年所做的骨髓移植极少有 HLA 完全相合的移植，大部分是在抗免疫排斥剂和放射线的干扰下完成的 HLA 半相合造血干细胞移植。从理论上说，同卵孪生同胞兄弟姐妹的 HLA 完全相同；同胞兄弟姐妹的 HLA 配型，有 1/4 相容的可能；子女与父母之间的 HLA 配型，有 1/2 相容的可能。所以，在中华骨髓库正式开放之前的骨髓移植主要是在同胞兄弟姐妹之间进行的或自体的骨髓移植。随着跨民族婚姻和独生子女家庭的增多，需骨髓移植的独生子女没有同胞兄弟姐妹可供选择，只能靠建立具有 HLA 分型的非血缘关系骨髓移植供者资料库，来解决髓源问题。通常 HLA 匹配相容的概率很低，个体差异很大。因此，建立一个庞大的非血缘关系骨髓移植供者资料库，是挽救需要通过骨髓移植延续生命之患者的一项应由全社会参与的系统工程。中华骨髓库（亦称：中国造血干细胞捐献者资料库）重新启动后发展迅速，效果明显、成绩喜人，十年即发展成为全球最大的亚裔造血干细胞志愿捐献者资料库，但仍不能满足全球华裔病患的需求，仍需不断努力。

20 世纪 80 年代以来，美国、英国、法国、澳大利亚、加拿大、德国、日本、比利时、乌干达、中国香港及台湾，陆续建立并投入使用非血缘关系 HLA 分型骨髓供者资料库。拥有世界上最大的骨髓供者计算机数据检索库的国家是美国。1985 年，美

国国立卫生研究院首先论证了从非血缘关系人群中寻找 HLA 配型相合的供髓者的可能性，论证了建立国家骨髓库的重要性。1986 年，美国国会拨款成立美国“国家骨髓供者登记（NMDP）”中心，开始全面招募志愿献髓者活动，而且所有的志愿献髓者均做了 HLA 分型，有效地服务了需要通过骨髓移植延续生命的病患。始建于 1991 年的“香港骨髓供者登记”中心是亚洲最早建立的骨髓供者数据库。位于台湾的“慈济台湾骨髓供者登记”中心，始建于 1993 年 10 月，是由台湾佛教慈济基金会投资并主持建立的，是一个效率比较高的非血缘关系骨髓供者资料库，全世界许多亚洲患者都曾从中受益。“新加坡骨髓供者登记”中心是 1993 年由新加坡私人投资建立，已经有多位患者在该中心的帮助下进行了非血缘关系骨髓移植。“世界骨髓供者登记（BMDW）”中心建立于 1988 年，是在世界各国骨髓供者数据库基础上联网的，参与者有奥地利、英国、法国、澳大利亚、加拿大、德国、比利时、以色列、巴西、捷克、丹麦、芬兰、希腊、匈牙利、印度、意大利、瑞士、瑞典、荷兰、新西兰、挪威、波兰、俄罗斯、南非、西班牙和美国等几十个国家和地区。

中国红十字会在各方面的支持下，于 1992 年在该会血液事业部设立了中国非血缘关系骨髓供者计算机数据检索库（简称：中华骨髓库，英文缩写：CMDP），并在北京、上海、广州、杭州、西安、山东、武汉和沈阳建立了 HLA 分型及组织配型实验室，在中国大陆部分地区展开了捐献骨髓的宣传和对志愿献髓者的招募活动。但是，由于没有常设机构和固定的人员编制，缺乏持续的人财物支持等方面的原因，中华骨髓库的发展十分缓慢，曾一度处于停滞状态。2001 年，中华骨髓库重新启动，国务院批准设置了中国造血干细胞捐献者资料库管理中心（简称中华骨髓库，英文缩写为 CMDP）负责全国的骨髓捐献工作，确定了机构性质、经费来源和办公场所，选派了精干得力的管理者，从而使捐献造血干细胞的宣传和对志愿捐献者的招募活动在全国迅速开展。中国造血干细胞捐献者资料库管理中心只用了五六年的时间，就完成了在全国 31 个省、自治区、直辖市建立省级管理中心，在大部分地级市建立工作站，造血干细胞捐献的宣传和对志愿捐献者的招募工作覆盖全国的目标。现在，中华骨髓库已成为亚洲最大和世界最大的华裔非血缘关系骨髓供者资料库，并与世界骨髓库及许多个国家和地区的骨髓库联盟，正在发挥造福于人类的作用。

第十五章　献血常识

1. 人体内的血液会不会越献越少？

健康适龄者，依据标准科学的献血，体内的血液是不会越献越少的。稍微了解一点血液生理知识的人都知道，血液可以再生。人体每天都有一定数量的血液细胞衰老和死亡，同时又有相应数量新的年轻的血液细胞生成。健康人献血后，体内小血库（肝脏、脾脏和皮下毛细胞血管床等）中储备的血液马上进入血液循环参与保障正常生理需求的同时，造血系统会迅速生成一批新的年轻的血液细胞来补充缺失部分。

血液中各种成分比例最高的是红细胞，一般正常成年男性红细胞比容为40%～50%，女性为37%～48%。人体内血液的新陈代谢相当旺盛，正常成熟的红细胞的生成周期为29天，平均寿命为120天，人体每天约有1/120（16～20毫升红细胞/4000毫升全血）的红细胞被破坏。一个体重50千克的人每天正常生理代谢的红细胞约为16～20毫升，相当于30～40毫升全血中红细胞的数量。一次献全血200毫升，这200毫升血液是人体内血液总量的1/20（5%），由此所失去的红细胞数量约相当于人体5天正常代谢红细胞的总量；一次献全血300毫升，是人体血液总量的1/15（7.5%），所丢失的红细胞约相当于人体7.5天代谢红细胞的总量；若一次献全血400毫升，是人体血液总量的1/10（10%），所丢失的红细胞相当于机体10天代谢红细胞的总量。如果一次捐献机采浓缩血小板和血浆400毫升，虽然所献出的量为人体血液总量的1/10（10%），但是所丢失红细胞的数量不超过10毫升，所以，献400毫升机采浓缩血小板和血浆与献400毫升全血在质上有着明显的差异，因为全血的有形成分是45%～50%，而浓缩血小板中只有8%～10%的血浆有形成分（蛋白质、脂类、糖及无机盐等成分）和血小板，其余的90%～92%是水。因为，血浆中的主要成分是水，所以，捐献血小板和血浆等于捐出的90%为水和10%为血浆蛋白、脂类、糖和无机盐等。

平时人体内的血液只有80%左右参与维持正常生理和血液循环，另外20%的血液储存在肝脏、脾脏和皮下毛细血管床等组织和器官内，处于休息和备战状态。一旦机体某处发生大出血，缺失的这部分血液会及时地由人体内小血库中储备的血液补充上来，同时失血的信息会马上传递到骨髓造血器官，通知骨髓加速制造血浆和血液细胞，补足"库存"。一般而言，一位体重为50千克的健康人一次献全血200～400毫升后，有意识地补充不少于所献血量的水，1～2个小时就会补足血容量，红细胞在献血后5～10天也会恢复到原来的水平，血小板、血浆蛋白、碳水化合物和无机盐等成分也会很快恢复到原来的水平。所以说，健康适龄者按科学的标准献血，体内的血液是不会越献越少的，适量献血不会影响健康。

志愿定期无偿献血者要在专科执业医师的指导下，严格遵守国家规定的献血间隔日期和量进行献血，不要盲目地多点登记，频繁献血，更不得超量献血。因特殊原因献血量或间隔超过国家规定的最高限量或标准，一定要在专科执业医师的认可和监督、指导下进行。血液可以再生，适量捐献无损健康。

2. 科学献血能降低血脂吗？

一般而言，献血对血脂的降低影响不大。关键是坚持定期献血可以使人养成健康的生活习惯和保健养生意识，从而促进血脂、血铁和胆固醇等不良血液成分的降低，预防心脑血管疾病和

图 15－1　中年宜定期献血

癌症等。人到中年，机体代谢趋向平稳，生活富裕，人体营养摄入的多，消耗的少、体内脂肪堆积，血脂长期处于较高水平，很容易出现高血脂、高黏血症。此时，血液中大量脂肪等不良物质黏附于血管壁，可导致血管硬化，血管弹性降低，最易诱发心脑血管疾病。如果 35 岁以上的人，能科学地定期献血，通过献血的体格检查和对检查结果的分析可以促使养成健康的饮食和生活习惯、稀释血液，降低血液的黏稠度、血脂、血铁和胆固醇等，还可以延缓或减轻动脉粥样硬化的形成，起到预防心脑血管疾病和癌症等的作用。一个人如果饮食和生活习惯不健康，进入中年后机体就会出现很多不健康的症状，定期献血者每次献血都会接受体格检查和血液检验，使受检者了解自己的身体健康状况，从而增强人们的养生保健意识，树立健康的生活理念，养成良好的生活习惯，促进健康长寿。

3. 怎样献血才算科学献血?

科学献血是健康公民在自觉身体状况良好或没有任何不适的情况下，自愿到国家批准的采供血机构设置的献血点，在具有国家认定执业资格的医护人员和有关专业技术人员的检测和监护下，依据国家有关献血政策法规及《献血者健康检查标准》和《献血者健康检查要求》，进行的无偿献血活动。

4. 献血能降低患心脏病的风险吗？

科学家研究发现定期献血者患心脏病的可能性远远小于非献血者。

芬兰库奥皮奥大学的尤卡·萨洛宁研究小组历时9年对2862人的档案进行了研究，在153名献血者中只有一人患心脏病，患心脏病的比例为0.7%；在另一组没有献过血的2709名研究对象中，有336人患心脏病，患心脏病的比例超过了12%。萨洛宁研究小组1998年5月在美国的《循环》月刊上发表文章，认为体内含铁量高的人患心脏病的风险比体内含铁量低的人高一倍多。试管研究和动物实验结果均已证明这一点，高含铁量有助于形成能损害动脉的胆固醇自由基。献血者患心脏病的比例之所以较低，也许是因为他们献血以后机体内含铁的水平降低了。

美国专家指出，在非献血者当中，已知有心脏病病史的人超过25%；而献血者当中，此比例要小得多，只有8.5%。

5. 要想预防高血脂、高血压和心脑血管疾病应怎样献血？

身体健康，生活条件相对较好，运动量相对较少的中年人或年龄在35岁以上的人群，定期适量捐献全血和浓缩血小板可有效地预防高血脂、高血压、动脉硬化、心脑血管疾病及癌症等的发生。那么怎样献，一次献多少，多长时间献一次呢？

身体健康，符合《献血者健康检查标准》和《献血者健康检查要求》，体重在50千克及以上，年龄在35岁以上的人群，每三四个月就可以捐献全血400毫升；符合条件者可在专科执业医师的指导下定期捐献单采浓缩血小板和血浆，捐献全血和捐献机采血小板加血浆交替进行。如果能保证每次捐血前后的检测均符合《献血者健康检查标准》和《献血者健康检查要求》及临床用血液检测标准，在不影响正常工作和生活的情况下，每年成功捐献机采血小板 12 次，全血 1 ~ 2 次，甚至每年能成功捐献 24 次机采血小板或血浆，而且能多年坚持，对预防高血脂、高血压和心脑血管疾病会有一定的益处。

6. 采用血液稀释或血液成分置换疗法可以治疗心脑血管疾病吗？

医疗中常采用等容稀释、洗血或血液成分置换疗法治疗高黏血症及因其引起的某些病症，这些疗法往往可以收到立竿见影的效果。血液成分置换疗法是将患者的血液定量抽出，利用物理或化学的方法进行处理，然后再行还输或输入等量的液体或血浆以补充血容量、降低红细胞压积，减少血浆中的大分子物质，达到稀释血液，降低血液黏稠度的目的。据报道，86% 的高血压患者经过适当的血液稀释和血浆交换后，动脉血压下降 20% 以上，而且可持续 3 ~10 个月。血液稀释或血液成分置换疗法是一种治标不治本的方法，要长期保持疗效，就得定期施行。所以，还是要做好未病先防工作，从年轻时就养成健康的生活习惯，将降低血液黏度和预防心脑血管疾病的工作做在高黏血症和心脑血管疾病发生之前。少吃、多动，定期捐血，利己、利人、利社会。

7. 四五十岁的身体健康者献血正当年？

在谈及无偿献血时，常会有人说，献血是年轻人的事，我们已经四五十岁了，老了，不能献血了。体质虚弱的人和老年人都是不宜献血的，而四五十岁的身体健康者献血正当年。

身体健康的四五十岁的人献血正当年。因为，40 岁的人正处于青壮年时期，50 岁的人刚刚进入中壮年。这部分人工作、生活和生理活动相对比较稳定，比二三十岁的年轻人更适宜献血。从保健医学角度讲，中壮年的人最宜进行无偿献血，保健型献血可以增进健康，延年益寿。所以，四五十岁的人献血正当年，应该成为献血的主流群体，并且应该持之以恒地定期献血。

8. 为什么说人到中年宜定期献血?

通常，人到中年工作安稳，生活富裕、营养丰富、运动量减少，身体代谢趋于平稳，甚至缓慢，容易发胖，此时如果不注意调整饮食结构和生活习惯，可能会出现血铁、血脂、胆固醇等指标超标、血液黏稠度超标，动脉粥样硬化形成等，从而诱发高血压、冠心病、脑血栓等心脑血管疾病和癌症等。

定期献血可以提示人们养成健康的生活理念和良好的饮食和生活习惯，还可以降低血液内有形成分，使血液的黏稠度降低，加快血液流速。人到老年，机体的造血功能逐渐下降，健康的中年人在医生指导下，坚持定期适量献血可以刺激骨髓等造血器官保持旺盛的造血状态，增加血液中年轻细胞的比例，提高免疫和抗病能力，预防疾病、延年益寿。无偿献血可以拯救生命，奉献爱心，也有利于促进个人的心身健康。

因此，中年人更适宜定期适量献血。

9. 什么是保健型献血?

保健型献血是健康适龄者在专科执业医师的指导下，定期、适量地献血，可收到预防疾病、延年益寿的效果。英国科学家报道，男子献血可防癌。研究发现癌症的发生和发展与血铁含量持续保持较高水平有关，定期献血可降低血铁的含量，因此有防癌的作用。育龄期女性每次月经会丢失一部分铁，而绝经后的女性每月一次的月经排铁停止了，体内血铁的含量会迅速增高，因此，绝经后的健康女性更应该进行保健型献血。由于血液与人体的新陈代谢、内分泌及生理调节功能等密切相关，保健型献血将有益于人们的身体健康。定期捐献机采血小板和血浆的中年献血者，不要忘记关注自己血红蛋白的指标，必要时在自己每年的献血计划中加上 1 ~2 次全血。

10. 献血可以促进减肥吗?

献血能不能减肥，目前还没有肯定性的结论。不论献血对减肥是否有影响，正常人特别是青少年不能靠短期、频繁的献血去追求减肥的效果。由于献血前后采供血机构会对献血者进行严格的体格检查和血液检测，体格检查过程和结果会提示人们关注自己的健康，养成良好的饮食和生活习惯。减肥的最佳办法是合理调整饮食结构和生活习惯，适时适量运动，必要时可请运动教练和养生及膳食专家进行指导。减肥并不难，只要方法适当，持之以恒，少吃多动。

11. 献血能导致人肥胖吗？

医学理论告诉我们，献血不会导致肥胖。但由于新闻媒体和各有关部门对血液生理知识和常识宣传不够，人们普遍认为献血后需要补充营养，因此，有些人献血后不但会刻意地进行较长时间的静休，还会准备些鸡、鸭、鱼、肉、蛋等大补，甚至特补一番。直至补的、睡的人明显肥胖，而后又将肥胖的原因归于献血。

图 15－2　献血能导致人肥胖吗

如果献血后不刻意地大补、特补，也不长时间停止正常的劳动或锻炼，保持正常饮食和睡眠，献血是不会导致人肥胖和虚弱的，长期坚持定期献血会使肥胖者，尤其是患有脂肪肝的人增强保健和减肥意识，收到预防多种疾病和延年益寿的效果。可以说：定期献血不会致人肥胖，胖人献血后不用刻意进补。

12. 献血可以美容吗？

献血可以美容，可以减少青春痘、痤疮等议论常能听到。此种说法大多是献血者的自身感受或猜测。关心这些的多数是年轻人和女性。献血与美容是否有关，目前还没有科学论证和明确的解释。如果有人感到献血后收到了美容的效果或减少了青春痘、痤疮，估计可能与献血后人体内某种蛋白或激素浓度发生了变化，造血功能增强等因素有关。

13. 献血会不会导致贫血？

如果不遵循人体的客观规律，频繁（两次献全血时间间隔不足 1 个月）、超量（每次采全血量超过 8 毫升/千克体重）地献血，将会使人体内血细胞，特别是红细胞的数量和血容量不能及时恢复正常，就可能导致贫血。在有偿供血阶段，一些供血者不懂血液生理知识，为得到更多的钱，采取多点登记、频繁供血，因为频繁供血而导致贫血的现象时有发生，不但影响了临床用血的质量和安全，也损害了供血者的健康。1998 年 10 月 1 日开始施行的《中华人民共和国献血法》中明确规定："国家实行无偿献血制度。国家提倡 18 周岁至 55 周岁的健康公民自愿献血。""采供血机构对献血者必须免费进行必要的健康检查，身体状况不符合献血条件的，采供血机构应当向其说明，不得采集血液。""采供血机构对献血者每次采集血液量一般为 200 毫升，最多不得超过 400 毫升……严格禁止采供血机构违反前款规定对献血者超量、频繁采集血液。"

如果每个采供血机构的工作人员都能依据《中华人民共和国献

血法》和有关规定开展采血业务，每个公民都能够在具有执业资格的专科医务人员指导、检测和监护下献血，就不会出现因为献血而导致贫血现象的发生。科学献血是不会导致贫血的，相反按规定间隔时间，经检测合格后定期献血会促使人养成良好的生活习惯和保健意识。通过献血前的血液筛查可以发现有否贫血的可能。

14. 骨髓腔是人体血液细胞的制造厂吗？

成年人的血液细胞主要在骨髓腔内产生，淋巴组织（淋巴结、胸腺、脾脏、扁桃体等）内可产生淋巴细胞。骨髓的造血能力相当强。正常人体内每天都有大量的血细胞不断生成、成熟、衰老和死亡，这种现象在医学上称为新陈代谢。红细胞的寿命为40~200天，平均为120天；血小板的寿命为6~14天，平均为9天；白细胞寿命最短的几小时，最长的几百天，白细胞的平均寿命为10天。正常情况下，因新陈代谢而减少的血液细胞由骨髓和淋巴两个造血工厂负责生产补充，而红骨髓承担了大部分血液细胞的生产制造工作。

人体造血的主要原料是蛋白、叶酸和铁，一个正常成年人，每天有8~10克蛋白和12毫克的铁就能满足机体造血的需要了。一个成年人的骨髓每秒钟约可制造出1700个新的红细胞，每天可制造约200克重的血细胞。特殊情况下（如失血、缺氧或机体因妊娠需要血液数量较大），机体可按需生产适量的血细胞生长因子（如肾脏可产生适量的促红细胞生成素，促进红骨髓加速制造红细胞）促进造血器官加速造血，以保障生理需求。正常情况下，人体造血工厂的增产能力是相当强的，只要机体需要，造血器官的工作能力可较平时提高6~8倍。

15. 献血真的不会传染上疾病吗？

当人们普遍了解了血液科普知识后，害怕献血伤元气影响健康已不再是阻碍献血活动发展的主要矛盾了。随着河南上蔡因手工单采浆还输所致艾滋病流行事件的公布，有些不明真相的人担心因为献血传染上某些疾病。有这种担心是可以理解的，因为在20世纪70年代末~90代中期在我国个别地区曾有不法分子受利益驱使，未经政府有关部门批准，私自违规开设地下单采血浆机构，在采供血浆的活动中，无视国家有关采供血的规定，不使用一次性器材，不进行消毒处理或消毒不严格、不彻底，甚至对供血者不进行规定项目的检测，手工分离、交叉还输，导致经血液传播的疾病传播蔓延。这种现象在“国家实行无偿献血制度”后，基本没有再出现。因为1997年12月29日通过并颁布的《中华人民共和国献血法》中明确规定：“采供血机构采集血液必须严格遵守有关操作规程和制度，采血必须由具有采血资格的医护人员进行，一次性采血器材用后必须销毁，以确保献血者的身体健康。”《中华人民共和国献血法》中规定：一次性采血器材用后必须销毁。有两层含义，一是采血必须使用一次性采血器材，不得使用可重复使用的采血器材；二是一次性采血器材使用后必须销毁，不得再次使用。自从采血用一次性器材投放市场以来，全国各地经政府批准设置的采供血机构均无条件地使用了一次性器材，采供血机构在体格检查和采血过程中所使用的器材能一次性使用的基本上都一次性了，就连给献血者喝水的杯子也都

图15-3 献血真的不会传染上疾病吗

一次性使用了。一些暂时无法一次性使用的仪器、设备等，每次使用后必须及时有效地严格消毒。

因此，可以负责任地说：《中华人民共和国献血法》施行后，在经国家批准设置的采供血机构及其设置的献血点内献血是绝对不会传染上疾病的。

16. 经常献血会不会影响生育?

献血与生殖无直接关系。身体条件符合《献血者健康检查标准》和《献血者健康检查要求》，定期适量献血不会伤元气，更不会影响生育。这一点已经为千千万万个定期献血者的经历所证实。在科学技术飞速发展的今天，人们应该相信科学、学习科学、大力推广和应用科学。

17. 献血会使人头晕吗?

在献血过程中发生的头晕，属献血不良反应范畴，这种不良反应在献血前、献血中、献血后均有发生，而且不同人群中发生头晕的比例有所不同，有群发（“传染”）性。研究显示：无偿献血者中发生头晕，甚至晕厥的比例高于有偿供血者；年轻献血者发生头晕，甚至晕厥的比例高于中年献血者；身体强壮的献血者发生头晕，甚至晕厥的比例高于体质瘦弱的献血者；男性献血者发生头晕，甚至晕厥的比例高于女性献血者；文化程度低的献血者发生头晕，甚至晕厥的比例高于文化程度高的献血者；对血液科普知识和献血常识了解较少，甚至一点都不了解的献血者发生头晕，甚至晕厥的比例高于对血液科普知识和献血常识比较了解的献血者；受指派或迫于某种压力及被裹胁献血的献血者发生头晕，甚至晕厥的比例高于自觉自愿参加献血的志愿无偿献血者；初次献血的献血者发生头晕，甚至晕厥的比例高于多次献血的献血者；空腹时间较长的献血者发生头晕，甚至晕厥的比例高于餐后来献血的献血者。

一般来说，在献血过程中出现的头晕，主要是由于心理紧张所致，其次是低血糖、睡眠不足、休息不好等。

发生头晕，甚至晕厥时的常见症状：头晕、目眩、眼前闪金花、四肢无力、面色苍白，出冷汗和心率过速，血压偏低等。

处理方法：无偿献血者是从健康适龄的人群中，筛选出来的身体健康状况较好者。献血中献血者发生头晕时，周围人要保持安静，不要围观，监护医生或周围人员应迅速为其取头低脚高位仰卧，保证空气通畅新鲜，观察处置，一般稍适静休即可缓解。如果监护医生不在近处，其他医务人员应迅速为其取头低脚高位仰卧，观察处理并报告监护医生。特别严重者应请监护医生亲自处理。轻者 3 ~5 分钟，重者 10 ~20 分钟即可缓解症状，继而逐渐恢复正常。对症状缓解者，可给予适量适温饮品，向其了解献血前的各种相关情况并解释发生头晕或晕厥的原因，告知注意事项，消除其恐惧心理，恢复正常后继续观察 20 分钟，无症状反复方可自行离开。两日内保持电话或 QQ 等方式跟踪随访。对空腹时间较长者，待症状缓解后可给予适温八宝粥等食品或温糖水。对于经过简单处置仍长时间不能恢复正常的重度晕厥者，应

图 15 -4　杜绝空腹献血

尽快护送至条件较好的医疗机构检查处置。

预防方法：在对拟献血者进行体格检查和询问时，严格执行《中华人民共和国献血法》《献血者健康检查标准》和《献血者健康检查要求》等法规的规定，要特别询问前两餐的饮食和之前的睡眠情况，严把合格关。要特别注意一次献血400毫升的适应条件，杜绝勉强或强迫。对于体重≤55千克，血压和血红蛋白等指标在正常值下线，体质较瘦弱的初次献血者，尽可能避免其一次献血400毫升。

18. 杜绝空腹献血可减少献血反应吗?

空腹所致的献血不良反应在献血过程中时有发生，而且占献血不良反应发生的比例较大。献血的不良反应主要表现为头晕、乏力、面色苍白，甚至晕厥等。其主要原因是献血者空腹时间较长，机体潜在的低血糖和献血者对献血的紧张及恐惧等。献血者出现低血糖反应的原因是，空腹时间较长或食物摄入量不足献血等。导致许多人空腹前来献血的原因是医院验血和抽血前有空腹的要求。医院为了避免因为摄入食物而影响检验结果的准确性，所以在检测某些项目前要求受检者空腹接受检查。长此以往，就给人们留下了验血和抽血就要空腹的印象。许多人认为，献血时需要验血，因此也得空腹，所以很多人就空着肚子前往献血。这是导致发生献血不良反应的主要原因。

人在空腹或摄食量较少的情况下，血糖往往处于较低水平，当人体内的血糖低至一定程度，人就会感到头晕、乏力，甚至会冒虚汗。在低血糖状况下献血，发生献血不良反应的概率很高。杜绝空腹献血，可有效地降低献血不良反应的发生率。

因此，为了保护献血者的健康和安全，无论是在组织献血时或是在采血现场都应将禁止空腹献血列入献血注意事项中特别强调，并认真宣传落实。在采血前认真询问献血者前两餐的用餐情况，对未用早餐或用餐后间隔时间过长者，应劝其在献血前吃饭或到献血茶点供应处吃罐八宝粥、糕点或多喝几杯糖水，以杜绝或减少因低血糖导致的献血不良反应。

捐血点应该将八宝粥和低油小面包作为常备食品储备，遇到用餐后间隔时间较长或空腹，献血前又不方便去用餐者，可督促其食用适量的温八宝粥等食品，食用半小时后，再行采血。

19. 我很想体验一下献血，但我一打针或见到出血就会晕怎么办?

打针或是看见出血就会发生头晕是心理紧张所致。怕打针者在献血前要尽可能地使自己放松，不要有心理包袱，更不要强迫自己，可先看看其他人献血的情况，调整好心态，当没有了顾虑，恐惧和紧张感后，再填表献血。献血时要主动与监护医生或同伴及志愿者交谈，将接受穿刺一侧的手臂伸给采血护士，任由采血护士处置。见到出血就晕的晕血者，献血时要有意识地将面部侧向一边，要有意识地将视野避开有血的地方，不要看采血护士进针和抽血时的动作，放松情绪，只要坚持3～6分钟您就能战胜自我，达成献血的愿望。

20. 无偿献血会不会导致脑供血不足?

在无偿献血现场，献血者发生晕厥的情况时有发生。有人认为这种晕厥是献血导致的有效循环血量减少，脑供血不足所致，这种推论不一定正确。

采血机构是依据医学科学和国家有关部门和机构制定的《献血者健康检查标准》和《献血者健康检查要求》等标准和规章，对拟献血者进行献血前筛选、体格检查和采血的，每次采血的数量一般为200毫升，最多不超过400毫升，这个量远没有超过失血的安全警戒线（一次献血量占人体总血量之比最多不得超过12%，以50千克体重的人为例来计算，其血量约为400～480毫升。失血的安全警戒线为：一次失去量不超过全身总血量的20%，以50千克体重的人为例来计算，其血量约为800毫升）。正常情况下，一个人体内的总血量只有80%参加血液循环，其余20%作为备用血液储存于肝脏、脾脏和皮下毛细血管床等人体内的小血库中，等待应急用。当人献血或人体某一部位发生出血，机体循环血量不足时，储存于小血库内的血液会立即进入血管，参与血液循环。50千克者一次献血200～400毫升，只占其体内小血库内血量的25%～50%，不会影响正常的循环血量和生理功能。因此，献血不会导致献血者脑供血不足。相反，适量献血可降低血液的黏滞度，提高血液的流速，增加供脑血量和氧量，使人献血后感到头脑更加清醒，精力更加充沛。这一点在中年人中表现的比较明显，因而对生活比较安逸的中年人更有益。

21. 无偿献血受不受国家和地区限制？

无偿献血是弘扬人道、博爱、奉献精神的具体体现，不应受地区和国界的限制，这一点已得到联合国、世界卫生组织、国际红十字会、国际输血协会、各国政府及相关组织的认同。

在国外访问、参观、工作、学习和旅游的各国公民，有不少人在异国他乡进行过无偿献血。中国红十字会总会原副会长孙柏秋教授和本书作者在日本访问时都在当地参加过无偿献血，中华骨髓库管理中心主任洪俊岭先生1994年春在台湾参观考察时也曾在那里进行过无偿献血，深受当地红十字会和输血界同仁的称赞。最早在中国进行无偿献血的外国人是白求恩大夫。现在，许多来中国参观、学习、访问、工作的外国朋友也在我国各地进行过志愿无偿献血，像美籍教师拉瑞·多乐先生（曾在武汉某中学任教）曾多次在中国无偿献血，还荣获了中国无偿志愿献血金质奖章。因此，无偿献血不受地区、国界限制，已被各国人民所践行。只要您身体健康，符合献血条件，在哪里无偿献血方便，喜欢在哪里献，就可以在哪里无偿献血。

22. 中国内地的公民可否在非户籍地志愿无偿献血？

无偿献血不受户籍和籍贯限制。在中国只要本人愿意并符合

《中华人民共和国献血法》《献血者健康检查标准》和《献血者健康检查要求》的规定，自己认为在哪里无偿献血更方便、服务更周到、更舒适、更安全，就可以在哪里进行无偿献血。

23. 什么样的人暂时不能献血?

根据中华人民共和国国家标准《献血者健康检查要求》（GB18467—2011）规定，献血者有下列情况之一者暂时不能献血：

（1）口腔护理（包括洗牙等）后未满三天；拔牙或其他小手术后未满半个月；阑尾切除术、疝修补术及扁桃体手术痊愈后未满三个月；较大手术痊愈后未满半年者。

（2）良性肿瘤：妇科良性肿瘤、体表良性肿瘤手术治疗后未满一年者。

（3）妇女月经期及前后三天，妊娠期及流产后未满六个月，分娩及哺乳期未满一年者。

（4）活动性或进展性眼科疾病病愈未满一周者，眼科手术愈后未满三个月者。

（5）上呼吸道感染病愈未满一周者，肺炎病愈未满三个月者。

（6）急性胃肠炎病愈未满一周者。

（7）急性泌尿道感染病愈未满一个月者，急性肾盂肾炎病愈未满三个月者，泌尿系统结石发作期。

（8）伤口愈合或感染痊愈未满一周者，皮肤局限性炎症愈合后未满一周者，皮肤广泛性炎症愈合后未满二周者。

（9）被血液或组织液污染的器材致伤或污染伤口以及施行纹身术后未满一年者。

（10）与传染病患者有密切接触史者，自接触之日起至该病最长潜伏期。甲型肝炎病愈后未满一年者，痢疾病愈未满半年者，伤寒病愈未满一年者，布氏杆菌病病愈未满二年者。一年内前往疟疾流行病区者或疟疾病愈未满三年者，弓形体病临床恢复后未满六个月，Q 热完全治愈未满二年。

（11）口服抑制或损害血小板功能的药物（如含阿司匹林或阿司匹林类药物）停药后不满五天者，不能献单采血小板及制备血小板的成分用全血。

（12）一年内输注全血及血液成分者。

（13）寄生虫病：蛔虫病、蛲虫病感染未完全康复者。

（14）急性风湿热：病愈后未满二年。

（15）性行为：曾与易感经血传播疾病高危风险者发生性行为未满一年者。

（16）旅行史：曾有国务院卫生行政部门确定的检疫传染病疫区或监测传染病疫区旅行史，入境时间未满疾病最长潜伏期者。

（17）无暴露史的预防接种：①接受灭活疫苗、重组 DNA 疫苗、类毒素注射者，无病症或不良反应出现者，暂缓至接受疫苗 24 小时后献血，包括：伤寒疫苗、冻干乙型脑炎灭活疫苗、吸附百白破联合疫苗、甲型肝炎灭活疫苗、重组乙型肝炎疫苗、流感全病毒灭活疫苗等。②接受减毒活疫苗接种者：接受麻疹、腮腺炎、脊髓灰质炎等活疫苗最后一次免疫接种二周后，或风疹活疫苗、人用狂犬病疫苗、乙型脑炎减毒活疫苗等最后一次免疫接种四周后方可献血。

（18）有暴露史的预防接种：被动物咬伤后接受狂犬病疫苗注射者，最后一次免疫接种一年后方可献血。

（19）接受生物制品治疗者，接受抗毒素及免疫血清注射者：于最后一次注射四周后方可献血，包括破伤风抗毒素、抗狂犬病血清等。接受乙型肝炎人免疫球蛋白注射者一年后方可献血。

24. 什么样的人不能参加献血？

根据中华人民共和国国家标准《献血者健康检查要求》

（GB18467—2011）规定，献血者有下列情况之一者不能献血：

（1）呼吸系统疾病患者，如慢性支气管炎、支气管扩张、支气管哮喘、肺气肿以及肺功能不全等。

（2）循环系统疾病患者，如各种心脏病、高血压病、低血压、四肢动脉粥样硬化、血栓性静脉炎等。

（3）消化系统疾病患者，如慢性胃肠炎、活动期的或经治疗反复发作的胃及十二指肠溃疡、慢性胰腺炎、非特异性溃疡性结肠炎等。

（4）泌尿系统疾病患者，如急慢性肾小球肾炎、慢性肾盂肾炎、肾病综合征、慢性泌尿道感染以及急慢性肾功能不全等。

（5）血液系统疾病患者，如贫血（缺铁性贫血、巨幼红细胞贫血治愈者除外）、真性红细胞增多症、粒细胞缺乏症、白血病、淋巴瘤及各种出、凝血性疾病。

（6）内分泌系统疾病及代谢障碍疾病患者，如脑垂体及肾上腺疾病、甲状腺功能性疾病、糖尿病、肢端肥大症、尿崩症等。

（7）免疫系统疾病患者，如系统性红斑狼疮、皮肌炎、硬皮病、类风湿性关节炎、大动脉炎等。

（8）慢性皮肤病患者，特别是传染性、过敏性及炎症性全身皮肤病，如黄癣、广泛性湿疹及全身性牛皮癣等。

（9）过敏性疾病及反复发作过敏患者，如经常性荨麻疹、支气管哮喘、药物过敏等。单纯性荨麻疹不在急性发作期间可献血。

（10）神经系统疾病患者，如脑血管病、脑炎、脑外伤后遗症、癫痫等，以及有惊厥病史或反复晕厥发作者。

（11）精神疾病患者，如抑郁症、躁狂症、精神分裂症、癔病等。

（12）克－雅（Creutzfeldt－Jakob）病患者及有家族病史者，或接受可能是来源于克－雅病原体感染的组织或组织衍生物

（如硬脑膜、角膜、人垂体生长激素等）治疗者。

（13）各种恶性肿瘤及影响健康的良性肿瘤患者。

（14）传染性疾病患者，如病毒性肝炎患者及感染者。获得性免疫缺陷综合征（AIDS，艾滋病）患者及人类免疫缺陷病毒（HIV）感染者。麻风病及性传播疾病患者及感染者，如梅毒患者、梅毒螺旋体感染者、淋病、尖锐湿疣等。

（15）各种结核病患者，如肺结核、肾结核、淋巴结核及骨结核等。

（16）寄生虫及地方病患者，如血吸虫病、丝虫病、钩虫病、肺吸虫病、囊虫病、肝吸虫病、黑热病及克山病和大骨节病等。

（17）某些职业病患者，如放射性疾病、尘肺、矽肺及有害气体、有毒物质所致的急、慢性中毒等。

（18）某些药物使用者，如长期使用肾上腺皮质激素、免疫抑制剂、镇静催眠、精神类药物治疗的患者；既往或现有药物依赖、酒精依赖或药物滥用者，包括吸食、服食或经静脉、肌肉、皮下注射等途径使用类固醇、激素、镇静催眠或麻醉类药物者等。

（19）易感染经血传播疾病的高危人群，如有吸毒史、男男性行为和多个性伴侣者等。

（20）异体组织器官移植物受者：曾接受过异体移植物移植的患者，包括接受组织、器官移植，如脏器、皮肤、角膜、骨髓、骨骼、硬脑膜移植等。

（21）接受过胃、肾、脾、肺等重要内脏器官切除者。

（22）曾使受血者发生过与输血相关的传染病的献血者。

（23）医护人员认为不适宜献血的其他疾病患者。

25. 个子矮小或体重较轻的人可以献血吗？

从全国人大通过的《中华人民共和国献血法》和国家卫生

部制定的《献血者健康检查标准》来看，能否献血与个人的身高没有关系，与人的体重有关联。一个人个子矮一点没关系，只要本人自愿、身体健康，女性体重≥45 千克，男性体重≥50 千克，经有执业资格的医师体格检查合格，均可参加无偿献血。

26. 眼睛高度近视能不能献血？

国家卫生部制定的《献血者健康检查标准》中规定：眼底有变化的高度近视不能献血。但是，没有高度近视（超过 600 度）者不能参加无偿献血的规定。因此，身体健康、眼底没有病理改变的高度近视者，本人自愿，医务人员检测合格，可以参加无偿献血。

27. 献血前应该做些什么准备？

身心健康的适龄者，参加无偿献血一般不需作特殊准备。只要不是空腹、24 小时内没有大量饮酒，带好居民身份证或无偿献血证即可献血。如果是有计划地进行献血，适当做些准备工作效果会更好。但献血前不宜盲目进补，否则，不但对献血者弊大于利，而且还会影响血液质量。因为，现在只要一提到补，就少不了鸡、鸭、鱼、肉、蛋、山珍海味等高脂肪、高蛋白的食物，这些食物中的脂类物质吸收进入血液后，会使血液在相当长一段时间内处于脂肪血或乳糜样血状态。如果将脂肪血或乳糜血直接输入患者体内，少数受血者会出现较明显的过敏反应。过敏反应轻者处理及时不会出现不良反应，重者若处理不及时或处理不当可能造成严重不良后果。

献血前可有意识地找些有关血液科普知识和献血常识的书籍或宣传资料看看，尽可能多了解一些相关的血液科普知识和献血常识；献血前的两、三餐应尽可能食用低脂类清淡食物；献血前要保证睡眠，休息好、莫熬夜，忌饮酒、忌吃药、忌疲劳、忌紧张、忌空腹，清淡饮食要吃好，适当多喝点水（年轻女性献血前不必刻意多喝水），调整好心态，放松情绪，带好居民身份证或护照等有效证件，曾献过血的最好带上以往献血后发的无偿献血证。做到高高兴兴、轻轻松松、愉快地献血。

28. 献血的基本条件

（1）年龄 18 周岁至 55 周岁，心身健康；“既往无献血反应，符合健康检查要求的多次献血者主动要求献血的，年龄可延长至 60 周岁。”

（2）体重：男性≥50 千克，女性≥45 千克；

（3）献血前一周无感冒，发热、腹泻、用药和不适等；

（4）献血前一个夜晚要保证正常而充足的睡眠，一般睡眠时间不少于 6 小时；

（5）女性要避开月经期前后 3 天；

（6）献血前 24 小时内未大量饮酒；

（7）献血前一餐清淡饮食要吃好，切勿空腹献血；

（8）献血前未参加重体力劳动和剧烈运动。

29. 献血的基本流程

（1）出示本人有效居民身份证或护照等证件；

（2）填写健康状况征询表和献血登记表；

（3）接受采供血机构的医生询问（相当于问诊）性谈话和体格检查（既往献血史及病史询问、望诊、听心肺、测血压等）；

（4）体格检查合格者接受采供血机构指派的医学检验人员采末梢血，进行献血前的血液粗筛（一般粗检项目包括：A、B、O 血型的正向定型、血红蛋白或血比重检测、乙型肝炎表面抗原［HBsAg］和丙氨酸氨基转移酶［ALT］检测等）；

（5）体格检查和验血均合格者进入采血区准备献血［每次的采血量根据献血者的体重、血压、血红蛋白水平、胖瘦程度、精神状态和本人的意愿等决定，一般采血 200 毫升或 300 毫升，最多不得超过 400 毫升，每次采血（实际留出）量不宜超过体内总血量的 10%］；

（6）采血结束拔针时，献血者需按采血护士和监护医生的提示正确按压针眼≥15分钟，按压15分钟后，检查按压止血效果，按压止血成功后再观察5分钟，领取无偿献血证，无不适方可离开。

30. 每次献血约需半小时左右？

在正常情况下，从填写健康状况征询表和献血登记表，接受体格检查、验血到献完血，接受监护和稍加休息离开献血现场，大约需0.5～1小时（不包括拟献血者多时排队的时间）。那么每献全血200毫升，采血时间一般只需2～3分钟；每献全血400毫升，采血时间约需要4～6分钟（超过6分钟属于采血时间过长，该份血液不宜用于制备冷沉淀及血小板制剂）。献机采血小板所需的全部时间大约比献全血多30～90分钟。若遇献血现场等待献血的人数较多时，所需的时间可能会酌情延长。

31. 参加志愿无偿献血时有哪些体格检查程序？

由于参加志愿无偿献血的人基本上都是健康适龄者，全面实行无偿献血制度以后，对献血者及其所献血液的检测在逐渐加强。献血前的检测主要有望诊、问诊、测体重、测血压和脉搏、听心肺、触肝脾，测定A、B、O血型、血红蛋白或血比重、验乙型肝炎病毒表面抗原（HBsAg）和丙氨酸氨基转移酶（ALT）等。特殊情况下，参与体格检查的医务人员还会选择作些必要项目的检测。

32. 注射甲肝或乙肝疫苗后多长时间才可以献血？

在国家卫生部制定的《献血者健康检查标准》和《献血者健康检查要求》中，对健康者接受乙型肝炎疫苗和甲型肝炎疫苗接种没作需要延期献血的规定。因此，健康适龄者在接受乙型肝炎疫苗或甲型肝炎疫苗接种后不必延期献血。

对献血者所献血液的检测实践中，有人发现在报告的乙型肝炎病毒表面抗原（HBsAg）阳性（多为弱阳，采前粗筛未出现阳性反应）者中，注射乙型肝炎疫苗一个月左右者占较大比例。因此，为避免血液浪费和“冤假错案”（假阳性）的发生，笔者建议：接受各种免疫不足四周者应尽量延期献血。

33. 被狗咬或猫抓伤了要隔多长时间才能献血？

在确定被狗咬或猫抓伤了需要间隔多长时间才能献血，首先要搞清楚是被什么样的狗咬伤或被什么样的猫抓伤的，伤的程度如何。如果能够确定是被健康的狗咬过或健康的猫抓过，没有伤口，只是在表皮有一点划痕，处置后观察几天，如果身体没有任何不适，皮肤没有红肿，也没有渗出液等感染现象，一般不要延期参加无偿献血。

如果狗或猫是健康的，但咬伤或抓伤比较明显，则需待伤口愈合并脱痂，再经必要的检测，确认无潜在的后遗症，伤者自我感觉无不适，才可参加无偿献血。如果伤口较大，要缝合处置，其伤口愈合后的献血延迟时间，可参照相同规模手术后的献血规定时间而定。注射了狂犬疫苗者，需间隔四周后再考虑献血。

图 15－5　被狗咬或猫抓伤

若无法确定抓咬之狗或猫是否健康，均应按国家卫生部制定的《献血者健康检查标准》中“被狂犬咬伤后最后一次注射狂犬疫苗不足 1 年者”暂不能献血的规定执行。

34. 被狗咬伤后注射狂犬病疫苗要间隔多长时间才能参加无偿献血？

根据国家卫生部制定的《献血者健康检查标准》规定：“被狂犬病狗咬伤最后一次注射狂犬病疫苗满 1 年后方可献血。若被非狂犬病狗咬伤，接受狂犬病疫苗最后一次免疫接种满 4 周后方可献血。”若无法确定咬人的狗是否为狂犬，应按国家卫生部制定的《献血者健康检查标准》中“被狂犬咬伤后最后一次注射狂犬疫苗不足 1 年者”暂不能献血的规定执行。

35. 献血前要验血型吗？怎样验？

A、B、O 血型是每次献血、输血前必检验的常规项目。即使献血者已经知道自己是什么血型，每次献血前还必须再检验一次 A、B、O 血型。不过，此时所验的血型只是 A、B、O 系统血型的正向定型检测，所采用的方法也是十分简单的，只要在左手无名指腹稍侧端或耳垂处取两滴末梢血，30 秒钟即可初步判断出 A、B、O 血型。

36. 献血时验 Rh（D）血型吗？

中国人 Rh（D）阴性血型的比例极低（2‰~5‰），通常讲为 3‰左右。一般情况下，献血前不检验 Rh 系统血型。在经济和技术状况比较发达及 Rh（D）阴性者比例较高的地区或希望建立 Rh（D）阴性献血者队伍的采供血机构，会对献血者所献出的血液进行 Rh（D）阴性血型的筛检工作，并会将筛检后的结果和 Rh（D）阴性血型知识简介告知献血者。若该献血者被确定是 Rh（D）阴性者，采供血机构还可能通知其本人带着与其有血缘关系的直系亲属到采供血机构进行检测，甚至进行家系遗传情况调查，同时提供有关咨询和指导性服务。

37. 献血前化验乙肝吗？

20 世纪末和 21 世纪初，我国社会人群中乙型肝炎表面抗原

（亦称：澳大利亚抗原，HBsAg）阳性，即 HBsAg 阳性或 +（又称：慢性无症状乙型肝炎病毒携带者，ASC）比例较高（10%，部分地区比例更高），而且社会人群中有相当一部分人从来就没有检验过乙型肝炎表面抗原，他们自己并不知道自己是否曾感染过乙型肝炎病毒。所以，对于普通人群，献血前检验乙型肝炎表面抗原（HBsAg）是十分必要的。

献血前要对献血者末梢血进行乙型肝炎表面抗原（HBsAg）快速粗筛的检查，大大降低了采血后因血液乙型肝炎表面抗原（HBsAg）阳性的淘汰报废率，既节约又安全。近年来，用于检测乙型肝炎表面抗原的快速粗筛试剂的重复性越来越好，已经成为献血前常规检查不可缺少的检测项目和方法。

38. 以前曾验过血型和乙肝，这次就不用再验血了吧？

国家卫生部制定的《献血者健康检查标准》中规定：献血者献血前的体格检查及血液检验以采供血机构出具的结果为准，有效期为两周。拟献血者以前曾验过血型和乙型肝炎表面抗原，自己知道自己是什么血型，乙型肝炎表面抗原也没有问题，采供血机构的工作人员只能将其视为低危献血者，但每次献血前还必须检验 A、B、O 血型和乙型肝炎表面抗原，因为我们每时每刻都可能感染上乙型肝炎病毒，可以说人体内的很多指标是随时都有可能发生变化的。所以，献血前的血液筛检是不能省略的必检项目。血型、乙型肝炎表面抗原、血红蛋白或血比重和丙氨酸氨基转移酶就是每次献血前的必检项目，一般情况下不能省略。

39. 一个人的血型会改变吗？

有些人在献血前化验血型时发现自己的血型与记忆中的不同了，因而十分认真地问现场的医务人员：人的血型会改变吗？通常，如果没有疾病，输血和骨髓移植等外因，健康人的 A、B、O 血型一般是不会改变的。参加无偿献血的人，基本上都是健康人，这部分人如果怀疑自己的血型发生了改变。一般是由以下三

图 15－6　一个人的血型会改变吗

种原因导致的：一是自己记错了；二是以前报告的 A、B、O 血型是错误的；三是因为某种原因这次验错或报错了。在这三种可能中，第一种可能性最大。其次为第二种，过去在粗筛的过程中验错或报错血型的事件不占少数，其原因是早期的血型试剂大多数是检验人员自己配制的，这种试剂效价较低、灵敏度不高、反应时间长、效果不够稳定，因此在 A、B、O 正向定型的过程中验错血型的事情时有发生。现在采供血机构所使用的血型试剂基本上都是经国家审批的试剂公司供应的标准试剂，具有灵敏度高、反应时间短、出结果快、判定结果容易、效价比较稳定等优点，但如果采供血机构的工作人员在工作中出现失误，也会验错或报错血型。不过，采供血机构采血前对拟献血者的血液进行只是 A、B、O 血型系统的正向定型检测，采血后还会对该献血者所献的血液，再分别采用正向定型法和反向定型法进行血型鉴定和复检，一旦发现粗筛时验错或报告错了血型，会通过电话或书信与献血者联系，告诉献血者进行更正。

40. 无偿献血前化验乙肝不合格，以后还能不能参加献血？

目前，国内大多数采供血机构在采血现场，粗筛乙型肝炎表面抗原（HBsAg）时，一般都使用乙型肝炎快速检验试剂。这类试剂具有操作简便、快捷等优点。但在现阶段的快速粗筛结果中还有相当高比例假阳性（笔者 1998 年的实验统计数据为 16.92%）的缺点，因此，用乙型肝炎表面抗原快速检验试剂检测出的乙型肝炎表面抗原不合格者，还不能确定就是慢性无症状乙型肝炎病毒携带者或乙型肝炎表面抗原阳性者，其结果不具有临床意义。有条件的采供血机构可为这些献血前快速粗筛不合格者再抽一份静脉血标本，带回实验室用常规法检测，经常规法检测仍然不合格者，可建议其去传染病或肝病医院检验乙型肝炎病毒两对半及相关项目，并请专科医生对检验结果进行分析。经常规法检查确定是 HBsAg 阳性者，今后永远不能参加献血。

41. 为什么有高血压病的人不能参加献血?

有人认为有高血压的人定期放血，可缓解症状。受这种说法的影响，有些高血压病患者会到献血车（室）要求参加无偿献血，当医生发现其血压高，不允许他们献血时，常使他们不解甚至不满。

国家卫生部制定的《献血者健康检查标准》和《献血者健康检查要求》将高血压病患者列为不能献血范畴。高血压病患者的血液中含有一定量的高血压因子，药物控制的高血压患者的血液中还含有一定量降压药成分，这些物质可能会给对受血者造成不利。更重要的是，较严重或伴有未知心脑血管病变的高血压患者及继发性高血压病患者献血，可能会加重病情，甚至有一定危险。所以，国家标准规定：高血压病的人不能参加献血。

42. 为什么低血压的人不能献血?

低血压本身就是一种病征。血压低会使人常常感到头痛、头晕、身体无力，甚至眩晕。有些低血压的人，特别是长期血压偏低的年轻女性，他们平时没有什么明显不适的症状，那是因为他们有了一定的耐受力，可以维持一般的正常工作、生活和学习。但是低血压的人，一旦循环血量出现波动，他们自已立即就会有所感觉。献血不但会使人的循环血量瞬间减少，还会使血压有所降低。低血压的人献血可能会加重低血压的程度，从而加重或诱发不适症状，甚至有一定的危险。因此，国家卫生部在制定《献血者健康检查标准》时，将低血压列入了不能献血的范围。从献血安全和保护献血者健康的角度考虑，血压低者不能勉强献血。

43. 为什么女性月经前后三天暂不能献血？

女性月经期的具体表现是出血。正处于持续性失血阶段的人暂不能献血。更重要的是女性月经期前后3天，其机体内分泌和生理调节活动等也与平时有所不同，因此，女性月经期献血，对献血者和受血者可能都是不利的。

正常情况下，女性每次月经的血量并不多。通常女性每次月经流失的血量在30～80毫升之间。正常月经历时3～5天，在月经停止前，子宫内膜就已经开始再生，迅速增生的子宫腺上皮细胞重新覆于黏膜表面，进入下一个增生周期。女性月经期的生理调整过程，一般为月经期前后3天，因此，国家标准规定，女性月经期前后3天内暂不宜献血。

44. 献血中应该注意什么？

在献血的过程中，从采血针刺入手臂血管内，到采血完毕拔针前几分钟内这只手臂就不要随意活动了，以免发生因采血针头移动导致的不良后果。另外，献血者的情绪要放松，可寻找一些能够活跃气氛的话题与旁边的人随便聊聊，尽量分散自己的注意力。此时，献血者最好不要眼睛紧盯着采血护士的进针和抽血，以避免紧张、恐惧和晕血现象的发生，并积极配合采血护士和监护医生实施采血，保证献血意愿顺利达成。

45. 我很想献血，但有点怕痛怎么办？

一个人从不了解血液，不愿意献血，到想献血，但只是有点怕痛。这说明他已经有了很大的进步。怕痛是很正常的，世界上没有哪一个人是不怕痛的，只是每个人对疼痛的耐受程度不同而已。献过血的人都知道，抽血的针虽然要比在静脉输液或化验抽血时的针粗一点，但并不比输液或抽血化验时扎的针痛。输液或抽血化验时扎针是剧痛，献血时扎针的痛往往是钝痛，而且痛中有一点发胀。还有人说，献血时扎针的痛，比验血扎手指时的痛差多了，献血时抽血所扎的针是很容易忍受的。只要我们坚强一点，并时刻想着：只要忍受穿刺时的瞬间疼痛，就可以达成捐献血液奉献爱心、挽救他人生命的愿望了。

46. 献血前工作人员为什么要让献血者饮用糖水？

采供血机构的工作人员在采血前，可能会让献血者喝适量的糖水，这是为了预防献血者在献血中或献血后出现以低血糖为主要原因的晕厥反应。因为，有的献血者习惯不吃早餐，也有的献血者来献血时距上一次用餐的时间很长了，还有的人虽然吃了早餐，但由于用餐量较少，或虽然用餐量不少，但自身机体代谢相对比较旺盛，消耗得特别快，这时献血者血液中血糖的浓度往往是比较低的。当人体内的血糖低至一定程度，人就会感到头晕、乏力，甚至会冒虚汗，即使献血前没有出现不适症状，献血过程中的诸多刺激因素也会诱导不适症状的出现。如果空腹或在血糖较低的状况下献血，产生献血反应的可能性很大，反应持续的时间也较长，恢复也相对较慢。献血前让献血者适量喝些温糖水，尤其是喝用葡萄糖冲的温水，可有效地预防献血不良反应。天气比较寒冷时，献血者的血管可能会因寒冷而收缩，采血的速度变慢，此时，献血者适量饮用热糖水，可起到促进血管扩张的作用。有条件的采供血机构不但在采血现场准备了大量的糖水或葡萄糖、白砂糖，还准备了可口的温八宝粥、速食面、饼干、糕点、糖果、营养麦片、各种口味的牛奶及多种饮料等，供无偿献血者自行选用。

47. 献血后该怎样护理针眼？

献血后最重要的事情之一就是护理好采血针眼。采血针眼护理不好，会导致针眼继续出血或造成皮下血肿，甚至会引发针眼处发生感染。

通常采血完成后，采血护士拔针时会在针眼处敷上止血贴和无菌干棉球或无菌纱块，并提示献血者压迫针眼处 15 分钟，凝血机制稍差者还需适当延长压迫针眼的时间，待针眼处形成小血栓，达到止血目的后再除去棉球或纱块，洗浴或两天后再拆掉止血贴。采血针眼处最好两天之内不要沾水，5 天内洗浴时，不要让水过久浸泡针眼处，更不宜搓擦针眼处，以防搓掉针眼处已形成的血栓，导致继续溢血或造成针眼处发生感染。

常见的采血针眼处压迫止血的方法有以下五种。第一种是三指（食指、中指和无名指）并拢按压止血法；第二种是拇指按压止血法；第三种是三指并拢和拇指轮换按压止血法；第四种是高弹袖带加压止血法；第五种是弯臂屈肘止血法。这五种方法的优缺点各有不同，现在以三指并拢和拇指按压两种方法最为常用；高弹袖带加压止血法止血效果好，方便献血者，但成本较高，有时受资源不足的限制。

各种止血法的操作方法及优缺点

第一种方法：三指并拢按压止血法是在拔出采血针头的瞬间，献血者在采血护士的指导下迅速用另一侧手的食指、中指和无名指用力压迫在敷于针眼上方的棉球或纱块上止血，以中指指腹压在皮肤的针眼处定位，持续压迫 15 分钟后，献血者可自行松手并检查止血效果，若止血成功，将棉球或纱块投放在黄色医疗污物箱或黄色垃圾袋中。此种止血方法的优点是：简单易行，压迫面积较大、止血效果好；缺点是：献血者双手活动受限，手指出现疲劳感相对较快，中指定位不准或手指压迫部位稍有偏离或手指稍微松动，就易发生皮肤表面溢血或皮下淤血。

第二种方法：拇指按压止血法是在拔出采血针头的瞬间，献血者在采血护士的指导下迅速用另一侧手的拇指用力压在敷于针眼上方的棉球或纱块上止血，拇指指腹要准确地压在皮肤的针眼处，持续压迫15分钟，止血完成后献血者自行松手并将棉球或纱块投放在黄色医疗污物箱或黄色垃圾袋中。此种止血方法的优点是：简单易行，止血效果好，手指出现疲劳感相对较慢；缺点是：压迫面积较小，拇指定位稍偏或拇指稍微松动，就易发生皮肤表面溢血或皮下淤血。

第三种方法：三指并拢和拇指轮换按压法是在拔出采血针头的瞬间，献血者在采血护士的指导下迅速用另一侧手的食指、中指和无名指用力压迫在敷于针眼上方的棉球或纱块上止血，以中指指腹压在皮肤的针眼处定位，当三指出现疲劳时，再将拇指和三指的位置调换，由三指按压法改为拇指按压法，两法结合持续压迫15分钟，止血完成后献血者自行松手并将棉球或纱块投放在黄色医疗污物箱或黄色垃圾袋中。此种止血方法的优点是：止血效果好，不会出现手指疲劳及疼痛；缺点是：初次献血者不易掌握，需熟练掌握者亲自指导示范。此法适合于多次献血者。

第四种方法：高弹袖带加压止血法是用特制的自粘式高弹加压止血袖带或自粘式弹力绷带配以加压垫（加压垫可特制，也可延用无菌纱块折叠或无菌棉球替代）的止血法。即护士在拔针前准备好止血带及加压垫，在拔出采血针的瞬间，献血者用另一侧手的食指、中指和无名指三指并拢迅速用力压迫在敷于针眼上方的棉球或纱块上止血，以中指指腹压在皮肤的针眼处定位压迫，当采血护士处理好血袋和采血针后或采血护士先用左手拇指按压针眼，右手处理血袋和采血针，然后再用特制的自粘式高弹加压止血袖带或自粘式弹力绷带配以加压垫环绕捆绑加压，解放压迫针眼的手指。袖带需持续保留15分钟以上，待止血完成后献血者可自行松绑并将棉球或纱块及袖带，一并投放在黄色医疗污物箱或黄色垃圾袋中。此种止血方法的优点是：压力均衡、止血效果好、捐血者的双手可自由活动，不会出现手指疲劳及疼痛；缺点是：献血者不能自行捆绑止血带，需旁人帮助操作，增加成本和护士的工作量。此法尤其适合于初次献血者。

第五种方法：弯臂屈肘止血法是采血护士拔针后，献血者在采血护士的指导下迅速行屈肘加压止血，持续压迫 15 分钟，待止血完成后献血者自行伸开手臂，并将敷于肘窝针眼上方的棉球或纱块投放在黄色医疗污物箱或黄色垃圾袋中。此法的优点是：操作简单，易掌握；缺点是：皮上出血和皮下淤血率较高，近年来已不提倡使用。

48. 怎样才能减少献血后皮下淤血的发生率？

献血后偶见抽血针眼处发生大小不等的皮下血肿继而出现淤血性紫斑者，因此，拔针后，做好采血后针眼处的护理十分重要。

出现皮下淤血斑的原因主要有以下三种：一种是拔针后止血方法不佳，造成血管内的血液继续向血管外溢，淤积于皮下，造成皮下血肿，血肿扩散继而形成皮下淤血；另一种原因是采血进针不到位，留针时针斜面的一大部分在献血者的血管内，一小部分还留在皮下的血管外，导致部分血液渗出于血管外层和皮下之间，形成皮下血肿，血肿扩散后就形成了皮下淤斑；第三种原因是进针过深，针口在血管腔中，而针的尖锋却穿过血管腔刺破下层血管壁，由于拔针后的压迫止血对此种情况止血效果不佳，且不易被发现，所以拔针后血管内的血液会通过被刺破了的下层血管壁渗漏到血管外的深部组织间，形成组织间血肿，继而扩散成皮下淤血斑，往往此种情况导致的淤血斑面积较大并伴有疼痛。

减少皮下淤血的有效办法，是不断提高穿刺技术和服务质量及服务意识，认真做好对献血者针眼的护理和指导，加强监护，发现问题及时解决。

49. 献血后应该注意些什么？

如果是严格遵守《献血者健康检查标准》和《献血者健康

检查要求》的规定进行的无偿献血，那么献血是件很平常的事，平常到如同在公交车上给更需要座位的人让了个座，而自己却在摇摇摆摆的公交车上站了 1 个小时一样的简单而快乐（这是深圳有过上百次捐血经历的无偿献血志愿者们总结出来的感受）。献完血后要稍加休息，有意识地适当补充水，半小时后就可回到工作岗位进行工作。值得注意的是献血的当日不要从事重体力劳动和剧烈运动。

献血后献血者应特别注意的是要保护好抽血针眼，拔针后 15 分钟内要正确而有效地压好针眼，献血当天不要用抽过血的手臂提拉重物，以免使针眼继续出血。洗浴时不要浸泡或用力搓擦针眼处，以免针眼处继续出血或发生感染。献血后要有意识地补充适量的水，适当食用些既营养丰富又不油腻的食物，好好地睡上一觉。

50. 献血后要不要休息几天，该怎样休息？

献血后要不要刻意休息一直有所争议。大多数人认为，依据《献血者健康检查标准》和《献血者健康检查要求》，献血无须刻意安排休息，只要献血当日不做剧烈运动和避免重体力劳动就可以了。有少部分人认为：献血后单位应该给献血者放几天带薪假，让献血者好好地休息几天，这种观点在单位组织的集体献血时尤为被人们认可。

但笔者认为，若是单位组织的集体献血，献血所占用的时间可视为出勤，献血后的两天内除了不安排重体力劳动和剧烈运动外，无须刻意地安排休息。若献血者的工作性质属重体力劳动或剧烈运动范畴，那么，献血后两三日内应尽量避免从事重体力劳动或剧烈运动。

51. 献血后是否需要进补？补些什么？怎么补？

对于身心健康状况符合《献血者健康检查标准》的无偿献血者而言，献血后无须补充营养，只要比平时多喝点水就行了。

如果一定要补，那就是一杯牛奶，两个鸡蛋，外加一杯水和两个橘子或一盘青菜就可以了。其实，以我国现阶段物资供应和公民餐桌上的食物状况而言，只要不挑食、能吃饱，所摄取的营养物质完全能满足正常生理功能的需要，即使是几个月献一次全血或一周、半个月献一次血小板和血浆也不必刻意补充营养。如果献血者身体偏瘦，可借献血的机会适当吃点好的，解解馋。若献血者比较肥胖或已步入中年，不可补得太多，以免营养过剩导致体重增加，诱发疾病。

图 15－7　献血后是否需要进补

52. 献血后还能打球吗?

献血当天不宜进行剧烈运动。一般情况下，献血当天最好不要参加打球等体育运动，更不要上场参加体育比赛。

运动员可选择比赛之后，离下一次比较重要的比赛时间又比较远（一个月以上），训练任务不十分繁重时参加无偿献血。日本许多相扑、球类、田径等运动员经常参加无偿献血，他们将无偿献血看成是比较平常的公益活动。有的运动员还有意识地在比赛前的一个月捐献一次全血或单采红细胞，这样既达成了献血救人的意愿，又能提升比赛时体内年轻红细胞的比例。

53. 献血后恢复需要多长时间?

正常情况下，人体内的血液只有总量的 80% 参与血液循环，而另外的 20% 作为备用血储存于肝、脾和皮下毛细血管床等人体小血库中。以体重 50 千克者为例，其机体内血液的总量占体重的 8%，约为4000毫升，其储备血量约为 800 毫升。如果一次献血400毫升，只占其体内储备血量的1/2，总血量的10%；若一次献血200毫升，仅占其体内血液总量的5%，是体内小血库备用血液的1/4，这么小的血量几乎可以在采血的同时，机体就从小血库中调出补充到循环血液中。各种血液成分的生成周期不同，恢复速度也不相同，血细胞生成快的几小时就能恢复，生成较慢的如红细胞及血红蛋白在献血后1周或稍长一点时间也会逐渐恢复。血浆生成速度最快，其中的水几乎在献完血时就开始恢复，碳水化合物和蛋白等成分一两天之内就可以完全恢复，血容量在献血后的几小时就可恢复到原有水平。

54. 为什么有的人献血后会有短暂的饥饿感？

有些人反映献血后有明显的饥饿感。一般而言，献血出现饥饿感是完全正常的，这可能是由于机体在调动体内造血原料和营养成分补充失血所致。这说明献血者机体已开始恢复。对于机体代谢机能比较旺盛、体内没有过多的营养物质储备的献血者，献血过程及献血后如果不能及时补充食品等营养物质，就会出现饥饿感。这一点，在年轻体壮的男性，特别是体质偏瘦者中表现尤为明显。可适量增加营养成分和食入量。但不宜暴饮暴食。

55. 为什么有的人献血后会有短暂的头晕乏力？

献血者献血后有头晕和乏力感，多是因为献血过程中过度紧张所致。多见于初次献血的年轻人，特别是对血液生理知识和献血常识了解较少的年轻人，这些情况引起的献血后头晕乏力，稍加休息即可恢复正常。少数是因为献血者体质偏瘦、体重较轻，血压或血糖偏低，一次采血量偏多等所致，此类原因所致的献血后头晕乏力，应迅速选择头低脚高位，并给予八宝粥和葡萄糖溶液或糖水，待症状消失适当休息即可恢复正常行动。预防此种献血不良反应的最好方法就是献血前精神放松，保证睡眠休息好，清淡饮食要吃好，献血者进入献血现场后让温馨服务伴随其献血全过程；对于体质偏瘦、体重较轻、空腹时间较长的献血者，采血量应尽量保守一点，尽可能尊重献血者的意愿，宜少不宜多，尤其要注意履行告知义务并经献血者同意，不能勉强，更不能强迫或在没有告知的情况下一次采集300或400毫升血液。

56. 献血者献出的血液能保存多少天?

献血者捐献的血液能够制成多个品种。如全血、添加剂红细胞、血浆（新鲜液体血浆、新鲜冰冻血浆、普通液体血浆、普通冰冻血浆、去白细胞血浆、辐照血浆等）、浓缩血小板（新鲜血小板、冰冻血小板等）和冷沉淀等制剂。各种血液制剂品种的储存环境和有效期各不相同。

（1）全血：全血是采血时直接将献血者的血液抽入装有血液保养液的血液容器中摇晃混匀，储存备用。全血的保存有效期由血液保养液的配方决定。用ACD（酸性枸橼酸盐－葡萄糖溶液）配方血液抗凝保养液处理的全血，在4±2℃条件下储存的有效期为21天；用CPD（枸橼酸盐－磷酸盐－葡萄糖溶液）配方的血液抗凝保养液处理的全血，在4±2℃条件下储存的有效期为28天，用CPD保存的全血输入人体后红细胞存活率高于ACD血，2，3－二磷酸甘油酸（2，3－DPG）水平也高于ACD血；用CPDA（枸橼酸盐－磷酸盐－葡萄糖溶液－腺嘌呤）配方抗凝保存液处理的全血，在4±2℃条件下储存的有效期为35天。因此，近年来，国内的采供血机构大多选择使用保存有效期为35天的CPDA保养液。

（2）红细胞：目前常用的红细胞制剂主要是红细胞悬液或添加剂红细胞。添加剂红细胞是将经抗凝处理的全血中的大部分血浆分离出去，使其成为仅含有少量血浆的浓缩红细胞，然后向浓缩红细胞中加入一定量有营养红细胞功能的添加剂，制成添加剂红细胞制剂。目前，制备添加剂红细胞都是选择采用全密闭多联袋采集的全血经分离转袋制成，然后，在4±2℃条件下储存，添加剂的品种不同保存的有效期也大不相同，一般为21天、35天、42天。近年国内大部分血站都选择效期为35天的添加剂保存红细胞。

（3）血浆：根据分离时间、储存方法的不同分为新鲜液体血浆、新鲜冰冻血浆、普通液体血浆、普通冰冻血浆、滤白血浆和辐照血浆等。新鲜液体血浆是将经抗凝处理的离体全血迅速在4±2℃条件下将血细胞全部分离出去，只保留其中的血浆成分，即为新鲜液体血浆。新鲜液体血浆在4±2℃条件下保存的有效期为不超过24小时。新鲜冰冻血浆是将经抗凝处理的全血存放于4±2℃条件下，迅速分离成液体血浆，然后置于-20℃下于离体6小时内冻结的血浆制剂，在-20℃下储存有效期为1年。普通冰冻血浆是将超过有效保存期的新鲜液体血浆、新鲜冰冻血浆以及在4±2℃条件下储存时间超过24小时的全血分离出来的血浆，迅速置于-20℃下冻结成块储存。普通血浆含有稳定的凝血因子和血浆蛋白等成分，缺乏不稳定的凝血因子Ⅷ和Ⅴ，在-20℃条件下保存有效期为4年。

（4）冷沉淀：冷沉淀是从新鲜冰冻血浆中分离出来的血液制剂，在低于-20℃条件下保存有效期（含原料血浆的储存期）为1年，其中含有大量的凝血因子Ⅷ和Ⅴ。

（5）血小板：现在用手工制备的血小板和机采血小板制剂，是以液态血浆为营养基质的浓缩或超浓缩血小板制剂，分离后在22±2℃摇荡血小板保存箱中保存，有效期为3～7天；在低温或超低温条件储存的冷冻血小板保存有效期较长。

57. 无偿献血后采供血机构会将血液的化验结果通知献血者吗?

献血者献完血以后采血机构会按国家规定的方法和标准对其所献的血液进行严格的检测，然后会通过发手机短信、打电话、寄信等方式将血液检验结果通知给献血者本人。

对于检测不合格的血液，采供血机构还会提示该血液的捐献者该如何去对待和处理。采供血机构还会长期为献血者及广大民众提供与献血有关的咨询和服务。

58. 怎样读血液化验报告单，遇到问题怎么办？

献血者所献血液的检验报告单上的项目有：A、B、O 系统血型、血比重或血红蛋白、血清丙氨酸氨基转移酶（ALT）、乙型肝炎病毒表面（澳大利亚）抗原（HBsAg）、丙型肝炎病毒抗体（抗 - HCV）、艾滋病病毒（获得性免疫缺陷病毒）抗体（抗 - HIV）和梅毒试验；有条件和 Rh（D）阴性率较高的地区还会对献血者所献血液做 Rh（D）阴性血型的筛检。

献血后的血液检验报告中有关可经输血传播疾病方面的项目，一般都是采/献血前粗筛合格，采/献血后初检加复检两遍检验的结果。而 A、B、O 系统血型和乙型肝炎病毒表面抗原则是经过三遍检验，即 A、B、O 系统血型经过玻片或纸板法粗筛正定试验、初复检的正向定型和反向定型试验，HBsAg 快速粗筛、初检加复检。

（1）血型：A、B、O 系统血型有：A、B、O、AB 四种，Rh 系统血型分为：Rh（D）阴性和 Rh（D）阳性（Rh - 和 Rh +）两种。

（2）血比重及血红蛋白：利用硫酸铜比重液检测拟献血者的血液比重，是检测一个拟献血者的血液比重是否符合献血标准的最简单方法。血液比重的正常值：男性≥1.0520，女性≥1.0500（相当于血红蛋白男≥120g/L，女≥110g/L）。血红蛋白：通过检测血红蛋白的手段，检测拟献血者血液中的血红蛋白的含量是否符合献血标准，以确定其能否献血。血红蛋白的正常值：男性≥12.0g/L，女性≥11.0g/L。测血液血红蛋白也可采用比色法。

（3）血清/浆丙氨酸氨基转移酶（ALT）：通常采/献血前试纸法或硐体粉法检测 ALT 为阴性或用赖氏法检测结果 ALT≤25

单位或用速率法检测结果 ALT≤40 单位者为符合献血标准。硐体粉法或试纸法检测 ALT 为阳性或用赖氏法检测结果>25 单位或用速率法检测结果 ALT≥40 单位者暂不能参加献血。

（4）乙型肝炎病毒表面抗原（HBsAg）：乙型肝炎病毒表面抗原始终为阴性者，才能献血；乙型肝炎病毒表面抗原为阳性者，永远不能参加献血。用酶联免疫法或快速诊断法检测乙型肝炎表面抗原时，一般乙型肝炎病毒侵入人体后约 1 个月，才能在血清中检测到乙型肝炎表面抗原。经过 1~6 个月潜伏期，才有可能成为急性乙型肝炎患者或没有临床症状的慢性无症状乙型肝炎病毒携带者（AsC）。21 世纪初，我国约有 1 亿~1.2 亿慢性无症状乙型肝炎病毒携带者。随着乙型肝炎疫苗的普遍应用，慢性无症状乙型肝炎病毒携带者会逐渐减少。用快速试剂粗筛单项乙型肝炎表面抗原阳性，可再抽取静脉血检测乙肝病毒两对半[即乙肝五项：①表面抗原（HBsAg），②表面抗体（抗-HBs），③e 抗原（HBeAg），④e 抗体（抗-HBe），⑤核心抗体（抗-HBc）]，待检验结果出来后，请医生解释或处置有关问题。如果以上五项均为阴性，为预防被乙型肝炎病毒侵袭感染，应立即注射乙型肝炎疫苗。献血标准规定：无论是单项乙型肝炎表面抗原阳性者，还是“大三阳”（①、③、⑤项为阳性）或“小三阳”（①、④、⑤项为阳性）者，均永远不能献血。

（5）丙型肝炎病毒抗体（抗-HCV）：丙型肝炎病毒抗体始终为阴性者，可参加献血；丙型肝炎病毒抗体为阳性者，永远不能参加献血。丙型肝炎病毒抗体阳性者具有传染性，而且丙型肝炎病毒主要是通过血液传播的，因此，丙型肝炎病毒抗体阳性者，永远不能参加献血。不过当献血者献血后被告知“您所献血液经检测丙型肝炎病毒抗体阳性，以后不宜再献血”也不必紧张或恐慌，有条件者可到专科医院说明情况，要求检测丙型肝炎病毒抗体，并以专科医院的检测结果和医生的解释为准。因为，采供血机构所用的检测试剂比临床诊断用检验试剂要严，重复性稍差。

(6) 艾滋病病毒（获得性免疫缺陷病毒）抗体（抗-HIV）：艾滋病病毒抗体始终为阴性者，才能参加献血；艾滋病病毒抗体为阳性者，永远不能参加献血。艾滋病病毒主要存在于血液、精液及其他体液及分泌液中，脑组织、淋巴结和骨髓中也有发现。艾滋病（AIDS）潜伏期为5年或更长。但人体感染艾滋病病毒后，4~6周（窗口期）用酶联免疫法可在血清中测到艾滋病病毒抗体（抗-HIV）。有研究发现，因被艾滋病病毒污染了的针头一次性刺入皮肤而感染艾滋病病毒的概率大约为0.3%。如怀疑可能被感染时，可在留意体征和临床表现的同时，每周抽取一次血液样本检测抗-HIV，连续3个月检测，抗-HIV为阴性，则意味着被感染的可能性极小。由于血液是传播艾滋病病毒的主要途径，为保证血液安全，只要检测结果显示为抗-HIV阳性者，将永远不能参加献血。

(7) 梅毒试验：梅毒试验始终为阴性者，可以参加献血；梅毒试验为阳性者，永远不能参加献血。目前，大部分采血机构都根据国家标准选用RPR法、TRUST法或酶联免疫法检测梅毒抗体，该方法有一定的局限性，特异性不强，具有一定的假阳性，因此，如果某位献血者收到的血液检验报告单上记录的梅毒血清学试验是阳性，而该献血者自己又肯定没有可能染上梅毒的机会，那就不必紧张或着急，为了谨慎起见，可到皮肤病或性病专科医院向专科医生说明情况要求做进一步检测和咨询。

59. 为什么采供血机构做的血液化验不合格结果，到医院化验却正常？

为了保证医疗临床用血安全，国家对临床用血液检验标准及对献血者体格检查诊断试剂的质量及判定标准要求很严，对献血者检测和对病人检测的判定标准也不统一。例如，丙氨酸氨基转移酶（ALT）的检验，赖式法的临床检验正常值为：2～40单位，而对献血者检验合格标准则为≤25单位。再如，用于检测乙型肝炎病毒表面抗原（HBsAg）酶联免疫法试剂，对献血者的检验检测试剂的灵敏度≤0.5纳克/毫升；而对临床诊断用检验试剂的灵敏度≤2纳克/毫升。这样丙氨酸氨基转移酶在25～40单位之间的受检者，作为临床诊断应判定为正常，而作为献血者则应判定为不合格。同样乙型肝炎病毒表面抗原在0.5～2纳克/毫升之间的受检者，对临床诊断是正常值，对献血者则为不合格。因此，会出现采供血机构报的检验结果是不合格，而医院报的检验结果却又合格的结果。所以，采供血机构报的检验结果，只适用于判断该拟献血者能否参加献血或该献血者所献血液能否用于临床输血，不能作为一般体格检查诊断所用。

60. 献血后得到的通知是血液不合格该怎么办?

采供血机构所出具的血液检验结果，只能说明该袋血液是否符合临床医疗输血检验标准，并不能用于临床诊断。如果献血后得到血站的通知，告知所献血液检验结果不合格，而且自己想弄清自己是否真的有问题，可以到有关医疗单位向专科医生说明情况，提请专科医生解释或按临床诊断标准做进一步检查。

61. ALT不符合献血标准，以后能否继续参加献血?

ALT（丙氨酸氨基转移酶）是反映肝细胞是否受到损伤的项目，是非特异性项目。日常生活中引起ALT增高的因素很多，有病理性的，也有非病理性的。出现ALT单项不符合献血标准，暂不宜参加献血，可向医生咨询导致ALT不合格的原因，并酌情处理。若想继续献血或需复查，可有针对性的调整半个月后再行复检ALT，若复检ALT及其他诸项均符合献血标准，即可参加献血。ALT不合格者前往复查前，应保证一周内不用任何药物，48小时以内不饮酒、保证睡眠休息好、赴检前两餐食用清淡饮食，特别肥胖或有脂肪肝者应适度减肥和减轻脂肪肝的程度后再行复查。总之，ALT 项不符合献血标准，不可怕；可怕的是多次或长期不符合献血标准。若 ALT 项多次或长期不符合献血标准，应到专科医院咨询或做进一步检查或治疗。

62. 血液检验结果各项都是阴性，注射乙肝疫苗行不行？

献血体格检查各项均为阴性，不证明就可以注射乙肝疫苗了。要知道是否需要注射乙肝疫苗，要到肝病专科医院或传染病院测乙型肝炎病毒“两对半”，看看体内是否含有乙型肝炎病毒表面抗体（抗－HBs 阳性提示体内已有乙肝保护性抗体），是否存在 HBeAg（e 抗原阳性提示体内存在乙型肝炎病毒，而且这种病毒正在不断地复制，具有很强的传染性）、e 抗体（抗－HBe 阳性提示体内乙型肝炎病毒复制停止或病毒变异）、核心抗体（抗－HBc 阳性提示体内曾经感染过乙型肝炎病毒）以及其各自的浓度，然后咨询专科医生根据检验结果判定是否需要注射乙肝疫苗。

63. 什么叫凝血？

血液凝固的过程就叫凝血。也就是血液由黏稠的液状变为凝固的胶冻状的全过程。

当人体的某一部位出血时，血浆中某些成分就会发生一系列化学变化，首先形成凝血酶原激活物，凝血酶原激活物再将凝血酶原催化为凝血酶，最后导致纤维蛋白形成，网络住血细胞使血液凝固。血凝形成的速度与凝血时间成正比。

64. 凝血时间多长为正常？

从血液流出到出现细丝状的纤维蛋白所需的时间，为凝血时间。正常人凝血时间一般为 2～8 分钟，当患有严重凝血机能障碍、血友病等疾病时，凝血时间会延长。

65. 献血时盛血的血袋中怎么会有液体？

细心的献血者会发现采血时新开封的用于盛装血液的血袋并不是空的，里面好像有些液体。事实上，新开封的血袋中在出厂前就按标准注入了一些液体（溶液），可这些液体（溶液）不是普通意义上的水（溶液），它是用于抗血液凝固和营养血细胞（主要是营养红细胞）的血液保养液。因为，血液离体后如不及时进行抗凝处理，很快就会凝固，出现血块，从而失去应用价值；而离体的血细胞若不给予细胞生存所需的营养物质，血细胞很快就会失去正常的生理功能，甚至破碎或分解。因此，采/献血时用于盛血的容器（血袋）中预先装好了用于抗血液凝固和具有营养血液中某些成分功能的血液保养液，这些保养液不但可阻止血液发生凝固，而且还可以起到营养和保护某些血细胞成活的作用。

66. 枸橼酸钠抗凝剂是怎样发挥抗凝作用的?

枸橼酸钠抗凝剂中的主要成分是枸橼酸钠，枸橼酸钠与血浆中的钙离子结合成不易电离的可溶性螯合物，阻断血细胞中钙离子的释放，以减少血液中钙离子的含量，从而阻碍血液发挥凝血功能，达到抗凝血的作用。

67. 血液抗凝剂是什么时候研究出来的?

1943 年，现在仍在使用的 ACD 血液保养液研究出来并投入使用。

1774 年，英国的解剖学家 Hewson 发现中性的盐类可使离体的血液不发生凝固。1868 年，英国妇产科医生发现在血液中加入磷酸钠溶液能起到抗凝的作用，但是由于利用磷酸钠溶液抗凝的血液毒性太大，会导致患者中毒死亡，所以不能用于对临床输血用血液的抗凝。1914 年，比利时学者 Lewisohn 发现枸橼酸盐也有抗血液凝固的作用，并首先将枸橼酸盐与葡萄糖混合以稀释和抗血液凝固。1943 年，Loutit 和 Mollison 配制出枸橼酸葡萄糖血液抗凝保存液（ACD），不但彻底解决了血液凝固问题，还起到了营养红细胞的作用，使血液保存的有效天数延迟到 21 天。在随后的几十年中，血液抗凝剂在不断地改进，现在可使血液液状保存时间达到 35 天和 42 天，甚至 48 天的血液抗凝保养液已广泛投入使用。

68. 一个人的血型是怎样形成的?

血型是遗传标志，是通过遗传形成的。每个人的血型都是由父亲和母亲的遗传组合而成的，带有明显的种族和家族特色。通常所说的血型，多指A、B、O血型，属红细胞系统血型。其实，血型的种类很多。人血液中的红细胞、白细胞、血小板以及血清蛋白均携有大量的血型物质、血型抗原。

69. 人类有多少种血型?

人们通常所说的血型，多指红细胞血型，而且是红细胞血型庞大家族中的一小部分，即A、B、O系统血型。红细胞、白细胞、血小板和血清都有着自己的血型。其中，属白细胞血型的种类最多、最复杂。而红细胞血型，特别是红细胞血型中的A、B、O和Rh两个血型系统与临床医疗和生殖等最为密切，因此，人们也最熟悉他们。

到21世纪初，发现并报道的红细胞血型抗原有500余个，经国际输血学会红细胞膜抗原命名专业组确认的红细胞血型有200多个，分为31个血型系统，A、B、O系统血型只是其中的一个系统。A、B、O系统血型是人们最熟悉的，它分为A、B、O和AB四种血型。除了A、B、O系统血型外，与输血和生殖关系最为密切的红细胞血型还有Rh系统血型。Rh系统血型分为Rh（D）阴性和Rh（D）阳性（RhD+，RhD-）两种。Rh（D）阴性在中国汉族人中较少见，概率约为3‰左右，在白种人中的概率约为15%。一般血型在人群中的概率≤1/1000者，可称为稀有血型。因此可见，Rh（D）阴性血型算不上稀有血型；Rh（D）阴性血型的血液也算不上是稀有血液，更算不上是“熊猫”血。将Rh（D）阴性血液称为稀有血液或“熊猫”血，对献血者的招募和召回无益。

70. 血液的型别能改变吗?

一般情况下，离体血液的型别和人体内的血型一样是不会改变的。但是，离体血液的型别和人体内的血型，在受到外界因素影响的情况下，偶尔也会发生暂时甚至是永久性改变的。几十年来，为解决 O 型血液经常出现的偏型性紧缺，许多专家都在寻找使 A、B 和 AB 型血液变成 O 型血液的方法，但多以失败而告终。20 世纪末，美国纽约血液中心的生物化学家杰克·哥德斯登用从咖啡豆提炼出来的一种酶，将离体 B 型血液中红细胞表面的一些多糖体切掉，使其成为与 O 型红细胞基本相同的红细胞，从而把 B 型血液改造成 O 型血液（红细胞），实现了红细胞血型的体外改型。但这仅局限于对体外血液变型的研究。到目前为止，除了接受 A、B、O 血型异型供者的造血干细胞进行的骨髓移植外，还没有能使人体内血液中 A、B、O 血型永久性变型的发现性报告。

71. 鉴定和对比 A、B、O 血型能判定亲子关系吗？

在日常工作和社会活动中谈到血型，常常会遇到有人用对比父母和子女的 A、B、O 系统血型的方法，来判定亲子关系的事例。其实，单纯用鉴定和对比 A、B、O 系统血型的方法，是不能准确判定亲子关系的。最准确的判定方法是做 DNA－STR 位点亲子鉴定。

鉴定和对比 A、B、O 系统血型，只能是在某些特殊情况下，可以排除有亲子关系的可能。这只能作为一般性的判定或排除，不能作为终结性判定。因为，当遇到基因发生了突变型案例时，即有个别人的血型不符合生物遗传学原理时，这个孩子可能还是亲生的，所以，一定要特别地注意。此时，最准确的方法，就是做 DNA－STR 位点亲子鉴定。DNA 是人体遗传的基本载体，人类的染色体是由 DNA 构成的，每个人体细胞都有 23 对（46 条）成对的染色体，这 23 对染色体分别来自父亲和母亲。由于人体约有 30 亿个核苷酸构成整个染色体系统，而且在生殖细胞形成前的互换和组合是随机的，所以除了同卵双胞胎以外，没有任何两个人的核苷酸序列完全相同，这是由人的遗传多态性所决定的。尽管有遗传多态性的存在，但是每一个人的染色体必然只能来自于其父亲及其家族和母亲及其家族。这就是 DNA 亲子鉴定的理论基础。

DNA 亲子鉴定是根据孟德尔遗传的分离律，运用现代生物技术，对从被鉴定者身体取下的样本进行特定 DNA 片段的提取和检测，并对结果进行相应的计算分析，得出鉴定结论的过程。鉴定结果如果符合该规律，则支持亲生关系，若不符合，则排除亲生关系（变异情况除外）。对于父母与子女这种直系亲属关系的鉴定，目前国际上通用的是核 DNA - STR 位点鉴定，通过对核 DNA - STR 位点鉴定，亲权概率可达 99.9999%。目前，只有通过 DNA 亲子鉴定，才是确定是否具有亲缘关系的黄金标准。

从而可见，亲子鉴定实验室从来就没有将单纯对比红细胞 A、B、O 血型作为判定亲子关系的唯一依据。目前，判定亲子关系最准确的方法是做 DNA - STR 位点鉴定。因此，奉劝大家不要轻易以鉴定和对比某个家庭父母和子女的 A、B、O 血型来判定人家的亲子关系。

72. 什么是自体血储存和自体血回收式输血？

自体血储存是在医生的指导下，有计划地预先将自己的血液抽出来，并按操作规程制备和储存起来，在需要时供自己使用。

自体血回收式输血是在手术中将从患者体内流出的血液回收起来，经必要的处理后再在适当时机回输给患者的一种输血方式。

20 世纪 80 年代后期，人们才开始重视起自身血储存和自体血回收式输血的诸多优点，并开始用于临床。《中华人民共和国献血法》规定：“国家提倡并指导择期手术的患者自身储血。”目前，自体输血已成为一种医疗趋势，在美国，一些医院自体输血量已占总用血量相当高的比例。

73. 自体输血有哪几种方式?

自身输血在《中华人民共和国献血法》施行之前国内应用较少，在国外应用十分广泛。为保障输血安全，《中华人民共和国献血法》规定："国家提倡并指导择期手术的患者自身储血"。

自身输血一般分为：保存式自身输血、稀释式自身输血和回收式自身输血三种类型。

（1）保存式自身输血：在专科医生的同意和监护下将自己的血液预先抽出，根据计划保存的时间选择在低温或超低温条件下储存起来，以供自己需要输血时使用。这种方式多用于择期手术患者或预防性储血。手术前按计划预存自己的血液，在手术中或手术后若非要输血时再将预先储备的自身血液回输，从而尽可能少输或不输异体血，这样可以有效避免免疫性输血反应和可经输血传播疾病的发生。这是一种既科学又安全的输血方式，也是中国政府和各级红十字会组织及输血界大力倡导的输血方式。保存式自身输血的经典储血方法是蛙跳式自身储血法。蛙跳式自身储血法，是一种既经济又安全的血液来源方法之一，应该大力推广。

（2）稀释式自身输血：在手术医生做好手术计划后，由医院输血科或血库技术人员与临床医护人员共同有计划、按比例地抽取患者血液，随后用晶体液或胶体液补充血容量，使患者的血容量迅速恢复至正常水平。手术时患者体内血液处于稀释状态，可有效减少术中血液细胞的丢失，在术中或术后根据患者情况，在适当时机将预先储备的血液还输给患者。此法比较适合在医院院内使用。

（3）回收式自身输血：分为外伤时回收、术中回收及术后回收三种。过去大多数采用手工和纱布收集，然后对回收的血液进行过滤备用。目前，手工式回收血液的方法已被具有回收、过滤、消毒和可灵活控制回收速度、不会引起溶血等优点的血液回收机所替代。外伤时实施血液回收的机会较少，术中及术后回收血液的数量往往十分可观。

74. 自体输血真的可以提高运动成绩吗?

几百年前，就曾有人设想以饮血或输血的方法强身健体。20世纪末，新墨西哥大学的专家们研究发现赛前回输自己的血液（自体输血）能提高运动成绩。这一结论是研究人员对6名男子长跑运动员进行试验得出的。即在比赛的前11周，采取蛙跳式自身储血法，把即将参加比赛的运动员自己的红细胞抽出400毫升并冷藏，然后让6个长跑运动员在三种不同的情况下各跑三次，以观察成绩的变化情况。第一次是在注射前，第二次是在注射100毫升生理盐水后，第三次是在还输400毫升红细胞后。结果第一、第二次的成绩与预贮血前基本没有差别，在还输了400毫升自体红细胞以后，万米赛跑的成绩大约提高了1分钟，据观察这种效能可保持13天。

75. 成分献血是怎么回事?

成分献血是献血者根据患者对血液中某种成分的需求，捐献自己血液中相应血液成分的献血方式。成分献血是采供血机构将献血者的血液抽出来，用物理方法将患者所需的血液成分分离出来，储存在特定环境下备用；然后，将患者暂不需要的血液成分还输给献血者。成分献血有手工分离法和机采（用血液成分采集机直接采集并分离提取）法两种。

现在所说的成分献血主要采用机器采集的方法。其优点是：采出的血液成分纯度高、效果好、安全、高效等。目前，常见的单采成分血的品种主要有：浓缩血小板、血浆和外周血造血干细胞。红细胞和粒细胞较少采集。当前，国内以单采浓缩血小板和单采血浆最为普遍；其次是机采外周血造血干细胞。由于中华骨髓库库容的不断加大（截至2011年8月已入库志愿献髓者资料达140万份），机采外周血造血干细胞已成为一个不可忽视的成分献血品种。

76. 适量捐献机采血小板会不会影响健康?

肯定地说：健康适龄者适量捐献机采血小板不会影响健康。

血小板是骨髓内成熟的巨核细胞经过变形，伸向骨髓腔血管内的小突触的细胞质碎片脱落到血液中形成的。血小板在外周血液中的平均寿命为7天，生存了9～14天的血小板可谓是血小板中的“高寿老人”了。当血小板衰老或被破坏后，绝大部分被脾、肝和骨髓内的巨噬细胞吞噬。正常人血液中血小板的数量为每立方毫米10万～30万（或$150\times10^9 \sim 300\times10^9/L$）个，平均为每立方毫米15万（或$150\times10^9/L$）个。

血小板具有强大的止血功能，当人体血液内的血小板数量低于每立方毫米10万（或$<100\times10^9/L$）个时，即为血小板减少症，血小板减少时很容易发生出血或流血难于自然停止；当人体血液内的血小板计数低于每立方毫米2万（或$<20\times10^9/L$）个时，可能会发生自然性出血，此时，输注配型相合的血小板制剂往往可以收到立竿见影的效果。当人体血液内的血小板数量超过每立方毫米50万（或$500\times10^9/L$）个以上时即为血小板增多症，易发生血栓；当人体血液内的血小板计数超过每立方毫米100万（或$1000\times10^9/L$）个时，机体就很容易发生血栓和高血压等心脑血管疾病。因此，可以推论：符合捐献条件和《献血者健康检查标准》的健康适龄者适当捐献血小板，可以做到经常检测，以预防血栓和高血压等心脑血管等疾病的发生。

人们常说的捐献机采血小板，是指献含有血小板的血浆，即浓缩血小板或超浓缩血小板。一次献一个治疗量的机采血小板，一般献出来的是约400毫升机采血小板和血浆，所献的血液包括约200毫升/袋浓缩血小板（内含$\geq 2.5\times10^{11}$个血小板）和约200毫升/袋基本不含血细胞的血浆，俗称：献单份血小板；一次献两个治疗量的机采血小板，是指献出来的两袋血各为约200毫升的浓缩血小板（两袋血小板中共含$\geq 5.0\times10^{11}$个血小板），俗称：献双份血小板。一袋机采浓缩血小板（内含≥2.5×10^{11}个血小板）为一个治疗量［若从人们捐献出的全血中分离提取，约需2000毫升离体6小时以内的新鲜全血（需要5～10个人捐献）中分离而得，而我国是以200毫升全血计为一个单位。因此，有人称一个治疗量的机采血小板为10个单位血小板］。机采血小板在我国已经开展了近20年。2011年修定的《献血者健康检查要求》（国家标准GB18467—2011）规定：机采血小板每隔2周采集一次。因特殊配型需要，由医生批准，最短间隔时间不少于1周。一年不大于24次，总量不能超过1万毫升。因此，符合条件的健康适龄者，在医生指导和监测（依据《献血者健康检查标准》和《献血者健康检查要求》及操作规程等规定）下适当捐献血小板，不但不会影响身体健康，而且还会增强自豪感和快乐感。

血小板的正常值范围很宽（每立方毫米10万～30万个或100×10^9～300×10^9/L），当机体内血小板的数量因捐献或在自体内参与凝血而减少时，体内会迅速地生成大量新的血小板来补充损耗。正常人捐献1－2个治疗量的机采血小板后，只要及时补足水和蛋白质，丢失的血小板和血浆蛋白很快就会恢复。

77. 捐献机采血小板前应注意些什么？

捐献机采血小板的标准比捐献全血的标准要高一些。有过献全血的经历，符合献机采血小板条件和《献血者健康检查标准》者，在捐献机采血小板前应特别注意：献血小板前3天不要服用阿司匹林、噻嗪类衍生物、雌激素等能影响血小板功能和数量的药物，也不宜食用芹菜、溪黄草、板蓝根及其制品、夏桑菊冲剂、酒精类等可降低血小板数量及其功能的饮料，还不宜食用可导致乳糜或脂肪血的食品，以免影响浓缩血小板的数量和质量。献血前两餐食用了含油脂或蛋白较多的食物者，在验/献血前应有意识地饮些醋或喝几杯较浓的绿茶。经验告诉我们醋和绿茶可有效地降低血脂，增强采出血浆的透明（澄清）度。年轻女性验血前还要尽可能地少喝水。

78. 在献成分血的过程中，献血者出现口唇麻木等不适症状时怎么办?

在献成分血时，采血者需向离体血液中加入抗血液凝固剂，使离体的血液暂时失去凝固功能，以便分离并提取血液中的某种成分。血液体外抗凝是靠抗凝剂与血浆中的钙离子结合成不易电离的可溶螯合物阻断血细胞中钙离子的释放，从而减少离体血液中钙离子的含量，使进入血液采集和分离管道的血液暂时失去凝血功能，然后由机器对失去凝血功能的血液进行迅速分离，提取出所需的血液成分，还输暂不需要的血液成分。由于还输的血液是缺乏钙离子和含有血液抗凝剂的血液成分，这部分血液成分回到人体，溶汇到循环血液后会使人体内的血钙含量暂时性降低，当血钙的浓度降低或抗凝剂进入人体的量达到一定程度，个别耐受力差或敏感的人就会发生不同程度的不适反应（或称枸橼酸反应）。

目前，国内采集成分血时所用的抗凝剂主要是含有枸橼酸的ACD抗凝剂。因献机采血小板而导致献血者发生枸橼酸反应的比较少见。即使发生反应，症状也只是口唇麻木和颤动感，口唇针刺痛感，口腔有铝或铜等金属味感觉。这种反应多出现在对枸橼酸耐受力差的年轻女性和极少部分敏感性较强的男性身上。出现枸橼酸反应不要紧张，因为这种反应不至于影响献血者的身体健康。为预防枸橼酸反应的发生，在采集初期术者即给每位机采成分血捐献者提供活性钙冲剂或10%葡萄糖酸钙，示其含在口中；对于反应特别强烈者，可适当降低血液还输速度和抗凝剂混入的量，特别重者可静脉补充钙剂（10%葡萄糖酸钙）；对枸橼酸反应特别敏感者，建议其改捐全血；对枸橼酸反应特别敏感，但又不愿放弃捐献成分血者，可在采血前口服钙剂（饮用活性钙冲剂或口服10%葡萄糖酸钙）预防性地补充钙，开始还输时就设置慢速还输。必要时可通过注射的方法补钙。

79. 献骨髓会不会影响健康，恢复需要多长时间？

医学研究和众多献骨髓者们的亲身体验表明，适时、适量捐献骨髓血无损献髓者的身体健康。因为骨髓腔中的骨髓细胞会不断推陈出新的，一个骨髓功能正常的健康人，即使不献骨髓，骨髓细胞也不会永恒不变。献骨髓时只抽取含有人体3%骨髓干细胞的骨髓血混合液，献髓者的身体健康不但不会受到损害，相反献髓会促使献髓者骨髓造血系统保持旺盛而活跃的增殖状态。

一个体重为50千克的正常成年人体内骨髓的总量为2000～3000克，而红骨髓中造血干细胞的量十分充足，平时维持人体正常生命活动的造血干细胞只占总量的5%，另外95%的造血干细胞处于静止休眠状态。当人体因献骨髓而使活动中的骨髓造血干细胞数量减少时，处于静止和休眠状态的造血干细胞会马上活跃起来参加造血，同时，红骨髓还会加速生成造血干细胞。捐献骨髓血或外周血造血干细胞后，10天左右骨髓造血干细胞就可以恢复到原有水平。不过，随着造血干细胞动员剂和具有从外周血液中提取造血干细胞功能的血液成分采集机的诞生及广泛应用，现在获取造血干细胞不必刺骨抽髓了，而是可以选择从外周血液中采集外周血造血干细胞。因此现在所说的献骨髓已经不是单纯意义的刺骨抽髓了，它可能是采外周血造血干细胞的机采成分献血，捐献后只需注意两天内不要做重体力劳动或剧烈运动，观察一下就可以了。

80. 献外周血造血干细胞是怎么回事，会影响健康吗？

外周血造血干细胞，亦叫周边血造血干细胞。外周血造血干细胞是骨髓中的造血干细胞进入到外周（骨髓腔以外）血液中的新名。正常情况下，人的造血干细胞主要分布在骨髓腔中，外周血液中的造血干细胞不到0.01%。早期用于骨髓移植的造血干细胞主要是从供髓者髂骨腔中抽出的骨髓血混合液中分离纯化获得的，骨髓移植的称谓也是由此而来。招募骨髓供者，获得骨髓血和从骨髓血混合液中分离造血干细胞都是很困难的工作，这就制约了骨髓移植技术的发展进程。

20 世纪末，人们发现人体外周血液内造血干细胞数量受外界因素影响很大，这提示人们可以设法暂时性提高外周血液中造血干细胞的数量，然后从外周循环血液中收集造血干细胞。随后人们研究出血细胞生长因子及造血干细胞诱导（动员）剂。这种动员剂用于供者后，可使供者骨髓腔内的造血干细胞，大量释放到外周血液中，使外周血液中的造血干细胞数量增加若干倍；若两种及两种以上的药物联合使用可使外周血液内的造血干细胞数量增加百倍以上。此时，用血液成分采集机，采集 1 ~ 2 次就可获得用于重建骨髓造血和免疫功能所需的造血干细胞。

过去获得用于骨髓移植的造血干细胞，是从献髓者的骨头上穿刺，抽取含有造血干细胞的骨髓血混合液，叫献骨髓；而今是从志愿献髓者或造血干细胞志愿捐献者的外周静脉采血，从外周血液中提取造血干细胞，叫献外周血造血干细胞；过去获取造血干细胞需刺骨抽髓，如今获取造血干细胞，绝大多数是采外周血造血干细胞，属献血范畴，叫献机采外周血造血干细胞的机采成分献血，同献机采血小板一样既简单、又安全。

81. 血站是不是无偿收血，然后转手将血液高价卖出获利？

无偿献血不是为了省钱、也不是为了免费用血，而是为了血液安全，最大限度地降低可经输血传播疾病传播的风险。

国家批准设置的正规血站（统称：采供血机构），是绝对不会将无偿献血者捐献出的血液转手高价卖出获取利益的。因为，1998 年 10 月 1 日开始施行的《中华人民共和国献血法》（以下简称《献血法》）第八条中明确规定：“采供血机构是采集、提供临床用血的机构，是不以营利为目的的公益性组织。”从而可见，我们国家的采供血机构是负责“采集、检验、制备、储存血液并向临床提供血液和血液成分的公益性卫生机构”，属政府财政应该全额拨款的全额卫生事业单位，所需经费完全是由政府财政划拨，所有经费的使用情况均无条件地接受政府审计部门检查审计。另外，《献血法》还在第十一条规定：“无偿献血的血液必须用于临床，不得买卖。采供血机构、医疗机构不得将无偿献血的血液出售给单采血浆站或者血液制品生产单位。”《献血法》还在第十八条中，对违反第十一条的行为做了明确规定：“采供血机构、医疗机构出售无偿献血血液的，由县级以上地方人民政府卫生行政部门予以取缔，没收违法所得，可以并处十万元以下的罚款，构成犯罪的依法追究刑事责任。”从而可见，国家不允许各级采供血机构将无偿献血者的血液作为商品进行买卖。更不可能将无偿献血者的血液转手高价卖出获利。

《献血法》的施行和“无偿献血制度”的实行，使我国进入“公民无偿献血，临床无偿用血”时代。即“公民临床用血时，只交付用于血液的采集、储存、分离、检验等费用。具体收费标准由国务院卫生行政部门会同国务院价格部门制定”。（上述费用通常简称为：血液成本费。）国家为了鼓励和扶助无偿献血者，对临床用血后无处报销血液成本费的无偿献血者本人及其配偶和直系亲属的用血，《献血法》中也做了明确的规定，即“无偿献血者临床用血时，免交前款规定的费用；无偿献血者的配偶和直系亲属临床用血时，可以按照省、自治区、直辖市人民政府的规定免交或者减交前款规定的费用”（这里所说的“免交”，大部分地方是以报销的方式落实的）。所以，“国家实行无偿献血制度”以后，根本不会出现血站无偿收血，然后转手将无偿献血者所捐献的血液高价卖出获利的现象。

82. 采供血机构是什么性质的单位？

关于采供血机构的性质，《中华人民共和国献血法》第八条中明确规定：“采供血机构是采集、提供临床用血的机构，是不以盈利为目的的公益性组织。”国家卫生部在《血站管理办法》中也做了补充性规定。综合地讲就是：采供血机构是不以营利为目的，采集、检验、制备、储存和研究血液，并向临床提供血液和血液成分的公益性组织，是由当地政府全额拨款的公益性卫生事业机构。

83. 血液制品工厂生产用的原料血浆是从哪里来的?

目前我国血液制品工厂生产所使用的原料血浆是由单采血浆站提供的。现阶段，我国单采血浆站是以有偿的方式获取原料血浆的，专属《中华人民共和国血液制品管理条例》（以下简称《血液制品管理条例》）管理范围。不属《中华人民共和国献血法》管理范畴。

国家在《血液制品管理条例》中规定：“单采血浆站由血液制品生产单位设置，专门从事单采血浆活动，”一个“单采血浆站只能向一个与其签订责任书的血液制品生产单位供应原料血浆，严禁向其他任何单位供应原料血浆”。上述法规的颁布和施行，不但规范了对血站、单采血浆站及对血液的管理，而且有效地保障了血液制品生产单位所需生产原料的安全供给。目前，我国血液制品生产所使用的原料基本上都是由供血浆者有偿供浆提供的。随着我国志愿无偿献血活动的发展，相信有朝一日，我国血液制品所需的原料也将逐渐由志愿无偿献血者捐献的血液来解决。这将是一场新的革命。我国的台湾地区和邻国日本在20世纪末，我国的香港和澳门地区在21世纪初就已经完成了血液制品生产所需的原料从有偿向无偿的转移。

84. 献血都是无偿的了，患者输血为什么还要收钱?

“国家实行无偿献血制度”不是为了免费用血，也不是为了省钱，而是为了提高血液的安全程度，最大程度的降低可经输血传播疾病传播的风险。

《中华人民共和国献血法》第九条规定“血站对献血者必须

免费进行必要的健康检查”“一次性采血器材用后必须销毁，确保献血者身体健康”。“血站对采集的血液必须进行检测，未经检测或者检测不合格的血液，不得向医疗机构提供”。“临床用血的包装、储存、运输，必须符合国家规定的卫生标准和要求”。“公民临床用血时，只交付用于血液的采集、储存、分离、检验等费用（统称为：血液成本费）”。“无偿献血者临床需要用血时，免交前款规定的费用；无偿献血者的配偶和直系亲属临床用血时，可以按照省、自治区、直辖市人民政府的规定免交或减交前款规定的费用”（这里所说的“免交”，大部分地方是以报销的方式落实的）。

在有偿献血时期，患者输血时所交的费用是由采供血机构发给供血者的营养补助费和用于对献血者进行必要的体格检查，献血者所献血液的采集、分离、检验、包装、储存、运输等成本费及医院的输血辅助费等几个方面组成的，是有偿献血、有偿用血模式。“国家实行无偿献血制度”后，不但无偿献血、无偿用血（即患者临床输血所交费用不再存在营养补助费部分），无偿献血者本人及其配偶和直系亲属临床需要用血时，还可以免交（报销）或适当减交（适当报销）血液成本费，所有患者临床用血都享受无偿（不交营养补助费，只交成本费）用血的待遇。也就是说，国家实行无偿献血制度后，患者临床用血所交付的只是为了保证血液质量，保障用血安全，对血液进行采集、检测、分离、包装、储存、运输等血液成本费。

85. 无偿献血证有什么用？

无偿献血证既是民众参加无偿献血以及献血时间、献血地点、献血次数、献血量等的证明，也是纪念和荣誉的象征，当无偿献血者本人和亲人因伤病需要输血时，可以凭无偿献血证等资料优先，甚至可免费或到政府指定单位报销所用血液的成本费。

86. 无偿献血证丢了怎么办?

无偿献血证丢失可到原发证单位（献血办公室或血液中心、血站）申请补证。补证时，提交献血者本人居民身份证或护照及有公民身份号码的有效证件（如机动车驾驶证）等资料和历次献血时间及献血量，经电脑或文字献血档案查询，核实后补发无偿献血证。

87. 无偿献血者输血后到哪里报销、怎样办理报销手续?

《中华人民共和国献血法》规定："无偿献血者临床需要用血时，免交前款规定的费用；无偿献血者的配偶和直系亲属临床用血时，可以按照省、自治区、直辖市人民政府的规定免交或减交前款规定的费用。"这是一项鼓励和扶持性政策，也就是使无偿献血者及其配偶和直系亲属因伤病临床输血时，不至于因为经济困难输不上血。这个"免交"，大部分地区是以报销的方式兑现的。无偿献血者本人及其配偶和直系亲属因伤病临床输血后，可携带无偿献血证、居民身份证及户口簿、输血交费发票、交叉配血单、输血记录单等证明原件和复印件，到献血所在地人民政府设立或指定的机构，按《献血法》及省、自治区、直辖市规定的标准报销，经费从政府财政划拨的献血专项经费或献血事业费中列支。

88. 哪一种献血形式更有利于献血活动的健康持续发展?

我国经历过的献血形式分为有偿献血和无偿献血两大类。有偿献血包括：供血（亦称有偿献血，即所谓的"卖血"）和公民义务献血两种类型。无偿献血包括：指令指标性或计划指标性无偿献血、互助性无偿献血、志愿无偿献血（亦称捐血）。其中，志愿无偿献血是最有利于献血活动健康持续发展的献血形式。

政府和各有关部门应依据《中华人民共和国献血法》的要求，加强对献血的科学知识、常识及国家有关政策法规的宣传教育和普及，不断提高全民族对血液科普和相关法律知识及常识了解的程度，增强志愿无偿献血的意识；大力弘扬献血救人、奉献爱心的无私奉献精神；定期表彰无偿献血及其志愿服务方面的先进集体和个人，以推动无偿献血活动的健康持续发展。

89. 如何构筑具有中国特色的无偿献血活动发展之路？

《中华人民共和国献血法》第三条至第八条规定："地方各级人民政府领导本行政区域内的献血工作，统一规划并负责组织、协调有关部门共同做好献血工作。""县级以上卫生行政部门监督管理献血工作。各级红十字会依法参与、推动献血工作。""各级人民政府采取措施广泛宣传献血的意义，普及献血的科学知识，开展预防和控制经血液途径传播的疾病的教育。新闻媒介应当开展献血的社会公益性宣传。""国家机关、军队、社会团体、企业事业组织、居民委员会、村民委员会，应当动员和组织本单位或者本居住区的适龄公民参加献血。"

法律上明确了政府及各有关部门的职责和分工，关键是各级政府要加强对本行政区域内献血工作的领导和组织实施，尤其是要加强协调各有关部门齐心协力加大对无偿献血的宣传、动员、组织和表彰工作的力度，以荣誉和自豪感激励无偿献血者，唤起社会各界支持和参与无偿献血活动的积极性。建立一支参与推动无偿献血活动健康持续发展的志愿者队伍，带动和唤起广大健康适龄公民参加志愿无偿献血的意识和自觉性，促进我国无偿献血活动健康持续发展，早日与国际先进国家和地区接轨。

90. 政府下达无偿献血指标后，怎样才能保证无偿献血不走弯路？

指令指标性或计划指标性无偿献血，是由地方人民政府或相关部门下达无偿献血指令性计划指标或任务指标的一种集体献血形式。这是"国家实行无偿献血制度"后诞生的，是一种具有中国特色的无偿献血组织方式，也是沿用了实行公民义务献血制度时期的政府工作模式。它作为政府行为，具有有任务、有组织、有计划、见效快、保障有利等优点；缺点是实施起来方法过于简单，群众对与献血相关的科学知识的了解和认识参差不齐，易产生逆反心理。这种献血组织方式适用于从有偿向无偿的短期过渡和解决季度或阶段性缺血，不能持续健康发展。

为保障无偿献血活动健康持续发展，保证无偿献血不走弯路，当政府下达了指令性无偿献血计划或任务指标之后，卫生行政和教育部门、红十字会、健康教育和采供血等相关机构要积极协助政府和各有关部门，做好与献血相关科学知识的宣传教育工作。大力弘扬献血救人、奉献爱心的无私奉献精神，定期表彰在无偿献血及其志愿服务中涌现出来的先进集体和个人，推动无偿献血活动健康持续发展。简单地说：就是在组织有献血指标的单位献血时，要有指标而不唯指标论；拿文件和指标敲门说话，但不用文件和指标压人或卡人（或单位），期望重视和积极参与。引导有无偿献血经历的献血者以志愿者的身份参与献血宣传教育和对献血者的招募、保留和召回，鼓励志愿者组织集体无偿献血；采取形式多样的措施鼓励健康适龄者自觉志愿无偿献血，逐步增大非指标性志愿无偿献血的比例，逐渐缩小和淡化政府下达的指令性计划或任务指标；建立志愿定期无偿献血者队伍，鼓励无偿献血者定期志愿无偿献血。

91. 移动采/献血车的适用范围？

无偿献血活动的广泛开展，使许多公共场所都出现了一种集运输、宣传、体格检查、血液化验、采血、休息、冷储血液等为一体的特种车辆——移动采/献血车。移动采血车的广泛应用极大地方便了无偿献血活动的开展。随着无偿献血活动的深入持久发展，一种环境好、设备齐全、服务时间相对固定的新型献血场所——献血室/站也相继出现，因此，人们提出移动采血车是不是要淘汰了？它的适用范围有多大呢？答案是肯定的，移动采血车不会被淘汰。

移动采血车具有机动性强的优点，短时间内不但不宜淘汰，相反还应加强。应该大型、中型、小型配备齐全，以适应各种环境和规模献血活动的需要，与固定献血室优势互补，同时存在。移动采血车适于远离采供血机构和献血室，人口稀疏或人口流动量不大和暂不适宜设置献血室的区域及临时性的组织献血活动，如当偏僻的村镇、矿区、集市、公园，机关企事业单位、部队及大专院校等地开展无偿献血活动时，移动采血者具有得天独厚的优势。

但是人口相对集中的地方，应创造条件设置无假日室内固定献血室。

92. 无偿献血室/站与采供血机构是什么关系?

随着无偿献血活动的广泛深入发展，街头上继移动献血车出现之后，又陆续出现了固定献血室/站。于是人们又问献血室和血液中心（或血站）是什么关系？献血室是不是骗人的?

采供血机构是受国家严格监控和管理的卫生事业单位。早在1993年国家卫生部就确定了一个城市只设一个采供血机构的原则。一个临床医疗机构只能接受本级卫生行政部门指定的，具有省级卫生行政部门批准执业的采供血机构提供的血液及血液成分。设在闹市区的献血室/站是当地具有合法执业资格的采供血机构（血液中心、中心血站或血站）为方便广大市民献血，保障无偿献血活动健康持续发展而设置的，是正规合法的采血网点，不是骗人的。无偿献血室/站一般设在人口密集或人口流动量较大的闹市区、居民区、商业贸易中心等处。其主要任务是：在方便辖区内民众献血、保障本地区医疗临床用血的基础上，为广大无偿献血者提供更温馨、更安全的献血环境和更周到的服务。

各无偿献血室/站均隶属于当地采供血机构。这些无偿献血室/站采得的血液及血液成分，不直接供应医疗临床及用血单位，而是全部交到所属采供血机构统一进行检验、分离、储存和发放。

93. Rh（D）阴性血是“熊猫”血吗？

这里所说的“熊猫”血，指的不是人人喜爱的珍稀野生动物——熊猫的血，而是比喻人类稀有血型者的血液。

2008 年以来，在各类媒体报道和人们交谈中经常有人将 Rh（D）阴性血，说成是“熊猫”血，甚至有些医务人员也跟着这样说。但是，稍有一点稀有血型常识的人都知道，不论在什么地方，什么人群，Rh（D）阴性血都不属于稀有血型范畴。因此，它算不上是“熊猫”血。

稀有血型有其具体的判定方法和标准。目前，常用的稀有血型的判定方法和标准是按抗原在人群中分布的频率确定。其标准是，在人群中某个抗原频率小于 0.1% 或 0.04% 或 0.02%（各地的判定标准和习惯不同，中国人常用的标准是抗原频率在人群中小于 0.1%），也就是 1000 个随机个体中只能找到一个或连一个该抗原者都找不到，即＜1/1000；或 2500 个随机个体中只能找到一个或连一个该抗原者都找不到，即＜1/2500；或 5000 个随机个体中只能找到一个或连一个该抗原者都找不到，即＜1/5000。从这个角度来讲，在中国汉族人群中 Rh（D）阴性个体频率为 0.3%～0.5%，大于 0.1%，在欧洲白种人中的频率高达 15%。所以，Rh（D）阴性不能划归为稀有血型范畴。只能将其划归为分布频率较小，人群中不多，较少见的一种血型。

血型在不同种族或不同人群中分布的频率不完全一致。有的血型在不同人种中分布的频率无明显差异，有的血型在不同种族或不同人群中分布的频率差异却很大。也就是说，有的血型在某个种族或人群中分布的频率较高，而在另外一个种族或人群中分布的频率却比较低。前面所说的 Rh（D）阴性在欧洲白种人群中和在中国汉族人群中分布频率的差异就是一个很好的例子。

血型是一种遗传性状、遗传标记，是父母和子女赋予的特殊“身份证”，不存在好与坏之分。但是，某些特殊或在人群中分布频率较少的血型者体内，如产生了在临床上有重要意义的同种抗体时，就具有重要的临床和社会意义了。

虽然，Rh（D）阴性不属于稀有血型，但是，Rh（D）阴性血液的供给，一直是困惑各地相关部门和机构的难题。因为，临床经常会有 Rh（D）阴性血型的患者需要输血，有时还很急。而我国从未开展过对公民进行 A、B、O 和 Rh 这两个与人类生活和医疗关系最密切的血型系统的普查工作，对献血者进行 Rh（D）阴性血型的筛查工作起步也较晚，大部分地方采供血机构掌握的 Rh（D）阴性血型无偿献血者的数量较少。因此，给保障及时足量供血带来了一定的困难。所以，有人将 Rh（D）阴性血液称为稀有血型血液或"熊猫"血，这样称呼会给 Rh（D）阴性血型献血者的招募和该血型血液及时足量供给带来一定的困难。所以，笔者呼吁不要再将 Rh（D）阴性血型称为稀有血型。采供血机构应创造条件，建立 Rh（D）阴性血型储供血保障长效机制，加强血液及血型知识的科普宣传，鼓励符合献血条件的 Rh（D）阴性血型者定期志愿无偿献血。

94. P 型血是什么血型？

2010 年 5 月有一位无偿献血志愿者找到我们说：媒体报道南京发现了一位极为罕见的 P 血型者，据说这种血型的人目前全国只有七、八个。这种 P 血型与我们平常讲的 Rh 阴性血是不是一回事？这样的人应该注意些什么？

按着这位无偿献血志愿者的提示，我们查阅了相关资料。原来，2010 年初位于南京的江苏省人民医院在为一位 62 岁男性胃癌患者，做术前的配血时遇到了库存所有血液都不相合的空前困惑。即该 O 型血患者的血清与血库中所有 O 型血液的红细胞都发生凝集反应，经过进一步抗体筛查实验发现该患者除了自身的血清与自身的红细胞没有反应外，与该实验室现存所有国内外的谱细胞（已知血型的标准红细胞）在不同的温度下均发生了凝集反应。经过国家血型参比实验室等几个实验室反复检测，确定该患者的血液中含有一种十分罕见的抗 Tja 抗体，为红细胞血型中 P 血型系统中极其罕见的 P 表现型。出现的概率与 Rh（D）阴性血型相比，只是 Rh（D）阴性血型的千分之一，是不折不扣的稀有血型。它是一种与 Rh 系统和 A、B、O 系统完全不同，但又能相互交叉存在的一个红细胞血型。

随后经与红细胞血型专家喻琼教授沟通探讨后，喻教授归纳出：自 1900 年，奥地利病理医生卡尔·兰德斯坦纳（Karl Landsteiner）发现了 A、B、O 血型后，迄今为止已发现并被国际输血协会血型命名委员会命名的红细胞血型系统有 30 多个，抗原有 500 多种。而且随着技术的发展和时间的推移还会不断增加。

血型的概念很多。通俗地讲，血型就是指一个人血细胞表面上带有的特异性物质。这些特异性的物质称为抗原，是由蛋白或糖分子组成的。严谨的定义应为各种血液细胞和血液成分抗原系统的遗传多态性。不同的人种、不同的人群中每个个体之间血型存在很大的差别，细胞表面抗原是基因的编码产物，是一种可遗传的人类性状。除了某个血型抗原全缺失的罕见个体外，正常个体都应有这 30 多个红细胞血型系统中每个系统中的某个抗原，红细胞血型和 HLA 系统表型数的合计至少有 4×10^{17} 种，已远远超过地球上人口的总数，如果再考虑其他血型，将得到一个天文数字。可以说，除了同卵双生子之外，在地球上基本找不到两个血型完全相同的个人。

在所有的血型抗原中，A、B、O 血型系统中的 ABH 抗原和 Rh 血型系统中的 RhD 抗原免疫原性最强，这两个血型在临床输血、免疫移植中引起的生物学效应最大，所以这两个血型是目前临床规定常规检测的血型。在 500 多个红细胞血型抗原中，有些就是我们所说的稀有血型。确定其是否为稀有血型的标准，目前公认的有两类：一是在人群中某个抗原频率小于 0.1%，就是

1000 个随机个体中能找到一个或连一个该抗原者也找不到。从这个角度来讲，在中国汉族人群中 Rh（D）阴性个体频率为 0.3% ~0.4%，大于 0.1%，不能归属为稀有血型范畴；二是某两个或以上的抗原在人群中的分布分别都不高，如果同时存在的话，那么要找到相同抗原的概率，即两个单独抗原概率的乘积，就非常小了。例如 Di(b－) Rh（D）阴性的个体。有的血型在不同人种中分布频率则无明显差异，而有的血型在不同种族或不同人群中分布频率差异却很大，所以稀有血型的类型、频率在不同人种或人群中有所差异。例如 Diego 血型中 Dia 在大多数蒙古种人群中存在多态性，但在其他人种中缺乏这一抗原；Kell 血型中 K 抗原在高加索人中的分布频率约为 8.52%，而在东亚人群中只有 0.02%。

1927 年，发现 A、B、O 血型的科学家卡尔·兰德斯坦纳，在用人红细胞注射免疫家兔，观察其多态性时，发现了 P 血型系统。目前，已发现 P 血型系统有 7 个表型：即 P1，P2，LEK＋、LEK－、P、$P1^{K}$、$P2^{K}$，前面 4 种在人群中对偶存在，而后面 3 种属于罕见表型。其中 P 血型的红细胞表面缺乏所有 P 特异性抗原，与抗 P、抗 P1、抗 PK 抗体都反应。1951 年，Levine 报道在一位女性胃癌患者血清中发现一种特殊抗体，除她自身红细胞和其姐姐的红细胞外，这种抗体与所有人的红细胞都反应。这个抗体以此患者命名为抗－Tja（T 为肿瘤，j 为患者的名字）。1955 年 Sanger 证实 Tja 属于 P 血型系统，Tj（a－）称为 P。

P 表型十分罕见，高加索人种每百万人中有 5.8 个，P 基因频率约为 0.0024%，对中国香港地区人群调查发现每百万人中只有 1 个。

P 表型是编码 Gb3 合酶基因突变的纯合子产物，此基因位于第 22 号染色体 q13.2 后，负责将乳糖基酰基氨醇转化为 Gb3。已有文献报道，在核苷酸 183、187、251、261 这 4 个位置的突变，产生无活性或活性大大下降的酶而只有纯合子状态（即一对相同基因）时才表达出一种性状的基因称为隐性基因。

稀有血型是一种遗传性状，与常见血型一样，不存在好与坏之分。但是，稀有血型者如产生了在临床上有重要意义的同种抗体，而且难以为其寻找到配型相合的血液时，就具有重要的临床意义了，这一点必须引起大家的关注。

所有P个体的血清都存在抗体，这种抗体可凝集除与自身相同的表型之外的所有红细胞。当P个体输入25mL P+的血液后即会发生可致人死亡的严重溶血性输血反应。因此，当该个体患病需要输血时，找到相配合的血液非常困难。另外，这个罕见抗体偶有引起母婴血型不合的新生儿溶血病，甚至导致孕妇发生早期习惯性流产。

稀有血型血液的供给，一直是困惑各地相关部门和机构的难题。随机筛选稀有血型捐血者犹如大海捞针，希望渺茫。目前，寻求稀有血型血液的供应渠道有以下几个途径：①在有血缘关系的亲属中筛选，由于其隐性基因遗传特性，在亲属中寻得的概率高。譬如父母均为正常P抗原，母源或父源各含一个隐性突变，在第二代兄弟姐妹形成P时有1/4概率。②在已建成的国内外稀有血型库中寻找相配合血液。由包括我国在内的26个或以上的国家和地区的60个血液中心联合组建的WHO国际稀有血型血库中储有包括-D-、Rhnull、S-s-U-、Lu（a-b-）、P等约40种稀有血型的血液。同处于东亚的日本大阪府红十字血液中心是目前稀有血型血液库存最多的采供血机构。如果在国内的血库找不到合适血液，获得授权的用户可通过网络查询及寻求帮助。目前，我国稀有血型血液库中血液单位不管是从品种上还是数量上，都远远落后于发达国家。③稀有血型者可采取自体血液储存或在身体健康状况符合献血条件的时候到规模较大或条件较好的采供血机构进行互助式定期献血。目前，红细胞的制备和冷藏技术已经十分成熟。一般在 4±2℃ 环境下，红细胞可以储存 21～48 天；如果在 －80℃ 以下环境下，红细胞可以保存 10 年，甚至更久。冷藏的红细胞在有效期内可随时取出使用。

对于已知自己是特殊血型的年轻女性，不但，身体状况符合献血条件时应定期献血，以备应急。而且当发现妊娠后应尽快到有检测条件的实验室进行相关抗体检测，以避免新生儿溶血病的发生。

值得提示的是，尽管 P 血型者十分罕见，但是在中国人中应该不只七八个人，其原因是我国没有进行过 P 血型的普查工作，有许多潜在的 P 血型者还未被发现，已知的七八位 P 血型者，都是偶然发现的。因此，P 血型在中国人中的分布概率是多少，至今仍然还是一个谜。

95．输血小板也要配型吗？

输血疗法是一项十分神奇的治疗方法，它的神奇之处就是立竿见影。它能使人的面容由苍白，迅速转变为红如桃花；由周身无力，迅速变为力大无比；由头晕目眩，变为头脑清醒；由血流不止，变为戛然而止。也就是说：无论是输注全血、输注红细胞或是输注血小板，如果方法得当，都会收到立竿见影的效果。可就是这种立竿见影的方法，如果掌握不好、操作不当也会适得其反，甚至会搞得束手无策、结局悲惨。

一个捐血志愿者曾问我说：他的一位患有血液病的亲友由于血小板计数太低，不得不经常输注血小板。以前每次输注血小板后，血小板计数都会立即上升，血也不出了。可是，最近不知是怎么搞的，输了几次血小板还是血流不止，加倍输注血小板计数还是升不上去，甚至比输注血小板之前还低。这是怎么回事？该怎么办？他的一席话让我想起了血小板输血，不升则降的特点。于是我与深圳市血液中心血小板配型实验室的专家李大成教授沟通后告诉他：这种情况应该首先考虑的是血小板输注无效，要尽快找一批机采血小板志愿捐献者，做血小板配型，选择配型相合的志愿捐献者为其捐献机采血小板。人们都知道输血之前需要配型。红细胞输注前配型主要有 A、B、O 和 Rh 系统血型配型；血小板表面有多个具有临床意义的血型抗原系统，因此血小板配型中，除了 A、B、O 血型配型外，根据患者的同种免疫状况，还可能需要进行 HLA－I 抗原和血小板特异性抗原（HPA 抗体）的配型等。国内外的研究表明，血小板同种免疫的发生率高于红细胞的同种免疫的发生率，在血小板同种免疫中，约 80% 以上涉及 HLA－I 类抗原，约 5% 的涉及 HPA 抗原。如果多次输注了未配型随机分配的血小板制剂，就可能会导致血小板输注无效，甚至结果悲惨。通常输注血小板只考虑选择输注 A、B、O 血型相同的血小板，却很少想到做血小板配型。在不做血小板配型，只选择 A、B、O 血型相同就输注血小板，尤其是随机输注以手工方法分离制备的血小板制剂时，输注一两次效果可能还不错，但是输注次数多了效果就难以估计了。有同种免疫史的受血者，包括多次输注他人提供的随机分配血小板制剂、粒细胞、干细胞或器官移植以及妊娠，甚至有早孕流产史等，可能发生 HLA－I 抗原或血小板抗原的同种免疫反应，在血清中可能产生血小板的同种抗体，而产生抗体的频率和特异性主要取决于输注的量和次数，一般输注的次数和量越多，产生抗体的频率就越高。当体内血清中产生了抗体的人再次输注未配型随机分配的血小板制剂后，就可能发生血小板抗原和抗体的免疫反应，反应的结果是血小板遭到迅速破坏，从而出现血小板输注后计数不仅不升高，反而会降低的现象，使临床治疗陷于免疫性血小板输注无效的状态。因此，在我们加大推动和广泛应用血小板的同时，更应该关注血小板输注的有效性。这就要求我们要创造条件开展血小板配型和适合性血小板输注及输注血小板后的效果评价工作，它关系到患者能否得到立竿见影的输血效果和医生能否掌握治疗的主动性等。为了预防和减少血小板输注无效的发生，提高医疗质量和治疗的主动性，临床医生在决定输注血小板时应根据患者病情和输注需求，为患者争取配型相合的血小板制剂。对需要多次输注血小板的病患，在申请输注血小板时首先就要进行血小板抗体筛查，以便对已经发生了同种免疫的患者考虑提出进行血小板配型，争取尽早、尽快输入血小板配型相合的机采血小板制剂；对于已经多次输注过血小板者，再次输注血小板时，也应该申请输注血小板配型相合的机采血小板制剂；对于输注血小板后效果不明显者，甚至血小板计数未升高，反而降低的，在排除非免疫因素之后，应该考虑进行血小板抗体筛查和血小板配型。

深圳市血液中心在全国率先（2004 年）实现机采血小板来源方式无偿化以后，又在华南地区率先开展了血小板抗体检测和血小板配型试验，招募机采血小板志愿捐献者参加血小板配型试验，建立配型的机采血小板志愿捐献者队伍和数据库，为华南地区多家医疗机构提供了配型相合的机采血小板制剂，深受医疗机构、临床医生、患者及其亲友和社会各界的好评。目前，深圳市血液中心建立的机采血小板志愿捐献者配型资料库已初具规模，在提高保障能力，造福于民方面收到了良好的效果，值得推广。

96. 血红蛋白偏低者多吃猪血、红枣、桂圆对补血有益吗？

在献血体格检查时，常会遇到被告知因检测血红蛋白指标偏低，未达到《献血者健康检查标准》，暂不能献血者。据观察，此种情况多见于追求时尚的年轻女性。当他们知道自己因血红蛋白不合格而暂时不能献血时，通常都会急切地问，是不是贫血？该怎样治疗？

在对拟献血者进行的体格检查中，发现血红蛋白不达标，是血红蛋白或血比重检测结果在正常值的中下线，算不上贫血。多数是因为日常饮食不规律，营养不均衡、铁摄入不足和入眠过晚等所致，一般不需特殊治疗，只需调整生活习惯和饮食结构即可。也就是说，平时不要盲目以节食的方式控制体重或减肥；不

图 15－8　猪血、红枣、桂圆

熬夜，早睡、早起、不吸烟、少喝酒、多晒太阳、多运动；一日三餐不能少，营养搭配要合理而及时；平时常吃猪肝、红肉等含铁量高的食物和富含维生素 C 的水果和蔬菜。尤其，要常吃猪血、红枣和桂圆。

第十六章　中国公民应具备和掌握的健康素养
——基本知识与技能

［根据 2008 版《中国公民健康素养
——基本知识与技能（试行）》66 条整理］

第一节　健康基本知识和理念

（1）健康不仅仅是没有疾病或虚弱，而是身体、心理和社会适应的完好状态。

（2）每个人都有维护自身和他人健康的责任，健康的生活方式能够维护和促进自身健康。

（3）健康生活方式主要包括合理膳食、适量运动、少盐少油戒烟限酒、心理平衡 4 个方面。

（4）劳逸结合，每天保证 7～8 小时睡眠。

（5）身体不适应及时就医。

（6）不吸烟，吸烟和被动吸烟会导致癌症、心血管疾病、呼吸系统疾病等多种疾病。

（7）戒烟越早越好，任何时候开始戒烟都不晚。

（8）不酗酒。酗酒可引起酒精中毒，诱发胃炎、肝炎、肝硬化、高血压、心脏病等。

（9）保健食品不能代替药品，生病时要在医生的指导下对症用药。

(10) 一日三餐要规律，多吃蔬菜和水果。水不能代替菜，蔬果不能替代粮食。

(11) 早吃好，午吃饱，晚吃少。不吃早餐容易导致精力不足，发生低血糖性昏/晕厥等。

(12) 每天要饮足量的水。要养成主动喝水的习惯，不要等到口渴时才喝水。

(13) 环境与健康息息相关，保护环境促进健康。

(14) 捐血救人，奉献爱心；提倡健康适龄者定期志愿无偿献血。

(15) 成人平静时的正常血压：收缩压 90 ~ 140 毫米汞柱（12 ~ 18.7 千帕），舒张压 60 ~ 90 毫米汞柱（8 ~ 12 千帕）；常温环境中的腋下体温 36℃ ~ 37℃；平静时的呼吸 16 ~ 20 次/分；平静时的脉搏 60 ~ 100 次/分，运动员和从事重体力劳动者脉搏稍慢，优秀运动员平静的脉搏可达 50 次/分。

(16) 避免不必要的注射和输液，注射时必须做到一人、一针、一管、一次性使用。

(17) 从事有毒有害环境工作的劳动者要养成自我防护的习惯，每个人都享有职业保护的权利。

(18) 接种疫苗是预防某些传染病最有效、最经济的措施。

(19) 肺结核主要通过病人咳嗽、打喷嚏、大声说话等产生的飞沫传播；出现咳嗽、咳痰 2 周以上，或痰中带血，应及时检查是否得了肺结核；绝大部分肺结核病人，坚持正规的治疗能够治愈。

(20) 艾滋病、乙肝和丙肝通过性接触、血液和母婴三种途径传播，日常生活和工作接触不会传播。注射乙肝疫苗可有效地预防乙型肝炎。

(21) 蚊子、苍蝇、老鼠、蟑螂等会传播疾病。

(22) 异常肿块、腔肠出血以及体重迅速减轻，是癌症重要的早期报警信号。

（23）遇到呼吸、心跳骤停的伤病员，可通过人工呼吸和胸外心脏按压急救。实施心肺复苏的同时，请旁边人协助呼救。实施人工呼吸时，每5～6秒吹气一次，每分钟吹气10～12次，每次吹气时间不少于1秒钟；胸外心脏按压（胸骨下1/2处按压压力4～5厘米）每分钟100次，胸外心脏按压与吹气之比30∶2（每做30次胸外心脏按压，吹两次气）。连续做五个周期（约2分钟）后，评估伤病员的呼吸、循环体征，如有呼吸和脉搏，复原伤病员体位；若没有呼吸和脉搏，继续以30∶2的比例实施心肺复苏。

（24）应该重视和维护心理健康，遇到心理问题时应主动寻求帮助。

（25）每个人都应当关爱、帮助、不歧视病残人员。

（26）在流行性感冒流行季节前接种流感疫苗，可减少患流行性感冒的机会或减轻流行性感冒的症状。

（27）妥善存放农药和药品等有毒物品，谨防儿童接触。

（28）发生创伤性出血，尤其是大出血时，应立即实施有效性包扎止血；对骨折的伤员不应轻易搬动。

（29）怀孕期、哺乳期和围产期的妇女以及未成年人应避免从事有毒有害作业。

第二节　健康的生活方式及行为

（1）勤洗手、常洗澡，不共用毛巾和洗漱用品。

（2）每天刷牙，饭后用清水漱口。

（3）咳嗽、打喷嚏时遮掩口鼻，不随地吐痰。

（4）不乱扔垃圾，不高空抛物，不往车窗外扔东西。

（5）不在公共场所吸烟，尊重不吸烟者免于被动吸烟的权利。

（6）不吸烟，少饮酒，不酗酒。

（7）不滥用抗生素、镇静催眠药和镇痛剂等成瘾性药物。

（8）拒绝和远离毒品。

（9）如厕前后要洗手。

（10）使用卫生厕所，管理好人畜粪便。

（11）便后冲水，保持厕所清洁。

（12）讲究饮水卫生，注意饮水安全。

（13）经常开窗通风，保持空气清新。

（14）膳食应以谷类为主，多吃蔬菜水果和薯类，注意荤素搭配。

（15）经常食用奶类、豆类及其制品。

（16）膳食要清淡少盐，合理搭配。

（17）保持正常体重，避免超重与肥胖。

（18）每周坚持锻炼身体 3 次以上，每次锻炼半小时以上。

（19）饭后半小时内不做剧烈运动和重体力劳动。

（20）生病后要及时就诊，配合医生治疗，按照医嘱用药。

（21）饭菜要做熟，生吃蔬菜水果要洗净。

（22）生、熟食品要分开存放和加工。

（23）不吃变质和超过保质期的食品。

（24）不光顾无牌照饮食摊点。

（25）妇女怀孕后及时去医院体检，孕期体检至少 5 次，到政府批准设置的医院住院分娩。

（26）孩子出生后应尽早开始母乳喂养，出生 6 个月以后要合理添加辅食。

（27）儿童青少年应培养良好的用眼习惯，预防近视的发生和发展。

（28）劳动者要了解工作岗位存在的危害因素，遵守操作规程，注意个人防护，养成良好的安全和劳动卫生习惯。

（29）孩子出生后要按照计划免疫程序进行预防接种。

（30）正确使用安全套，可以减少感染艾滋病等性传播疾病的危险。

（31）发现病死禽畜要报告，不加工、不食用病死禽畜。

（32）家养犬应接种狂犬病疫苗；人被犬、猫抓伤、咬伤后，应立即冲洗伤口，并尽快注射抗血清和狂犬病疫苗。

（33）在血吸虫病疫区，应尽量避免接触疫水；接触疫水后，应及时预防性服药。

（34）食用合格碘盐，预防碘缺乏病。

（35）每年最少作 1 次健康体检。

（36）驾乘车辆系安全带（或戴头盔）、不超速、不酒后驾车能有效减少道路交通伤害。

（37）避免儿童接近危险水域，预防溺水。

（38）安全存放农药，依照说明书使用农药。

（39）冬季取暖和洗浴要注意通风，谨防煤气中毒。

（40）多与家人和亲友交流，学会宽容和理解。

第三节　基本技能

（1）养成看懂食品、药品、化妆品、保健品的标签和说明书的习惯，不用过期和变质品。

（2）会测量腋下体温、脉搏和血压。

（3）会正确使用合格的燃气或电热水器。

（4）会识别常见的危险标识，如高压电、易燃、易爆、剧毒、放射性、生物安全等，远离危险物。

（5）抢救触电者时，不直接接触触电者身体，会首先切断电源。

（6）需要紧急医疗救助时拨打 120 或当地急救电话，并说明所在地点及伤病员基本情况。

(7) 发生火灾时，会隔离烟雾、用湿毛巾捂住口鼻、低姿逃生；会拨打火警电话 119 或 110。

(8) 需要报警时拨打 110，并说明基本情况。

(9) 遇到煤气泄露，立即用湿巾捂住口鼻、开窗通风、关闭阀门、不开启任何电器开关，不在现场打电话。

(10) 遇到交通事故时，会保护现场，拨打 122、110 及 120 等电话。